국어로 태어나
수학으로 살다가
그림자를
두고 간다

국어로 태어나
수학으로 살다가
그림자를
두고 간다

이영운
에세이

나의 바다는
그대 숨결로
일렁이고 있다오

살아 내는 사람. 따라가는 사람. 만들어 가는 사람.

모든 사람들의 삶의 시작과 끝은
항상 정해져 있다

바른북스

글쓴이의 말

'국어로 태어나 수학으로 살다가 그림자를 두고 가더라.'라는 말. 짐작하시겠지만 순수한 사람으로 태어나 유년기를 시작하고 청년이 되는 것. 삶의 방향과 방법을 계산해 가면서 치열하게 젊음을 살아가고 결국에는 노인이 되어 꼭 그렇게 살아오지 않았어도 괜찮았다는 후회와 동시에 나와 꼭 닮은 아이들이 나와 비슷한 본질의 삶을 살아가는 걸 알게 되었다는 의미이다.

살아오면서 살아가면서.

살아 내는 사람, 따라가는 사람, 만들어 가는 사람.

사람이 살아가는 행위는 성격이든지 방식이든지 개인의 취향에 따라 방향은 다르겠지만, 모든 사람의 시작과 끝은 항상 정해져 있다. 그래서 나 또한 내가 원하는 삶을 살아왔는지 아니면 흐름과 보폭에 맞추어 살아왔었는지 구분이 잘 안된다. 그래서 더욱 스스로의 발자취를 더듬어 보고 싶다는 생각에 기억 속 흐릿한 것들을 끄집어내기도, 지워진 기억은 상황에 맞도록 확대 및 축소하기도 해 보았다. 그러나 기억 밖에서 만들어진 허구는 기억되는 현실에

짜맞추기가 쉽지 않은 작업도 많았었다. 그렇기 때문에 이 글은 사실을 기반으로 썼으나 허구도 다수 포함되어 있다. 사실 고등학교 시절에는 내내 반에서 꼴등이었다. 꼴등이 어떻게 글을 쓸까? 살면서 책을 한 권도 끝까지 읽어 본 적 없는 사람인데. 그런 생각은 지금도 변함없이 의문이지만 다른 사람들은 제외하더라도 나 자신을 위해 꼭 한 번은 나의 살아온 과정과 그때의 생각들을 남겨 보고 싶었다. 그래야만 후회되지 않을 것 같아서 용기를 냈다. 만약에 글을 썼다고 해도 웃음거리만 될 것 같아 언감생심 상상 속에서도 있을 수 없는 일이라고 단정하고 있었다. 그래서 더욱 자신감을 만들어 내는 시간이 오래 걸렸다. 어느 날 고등학교 친구인 현재(이지스 자산 운용사 조갑주 대표이사)가 집에 놀러 왔었는데, 글을 써보라는 강요와 함께 용기를 꺼내 주었다. 사실 우리 집 거실에는 나 스스로 생각하는 삶의 방향에서 벗어나지 않도록 벽마다 글을 빼곡히 붙여 두었다. 그것을 보고서 나에게 권유했었다. 지금 이 자리를 빌려서 나에게 용기를 가르쳐 준 이지스 자산 운용사 조갑주 대표와 글을 쓰는 동안 여러 가지로 도움을 주신 기아자동차 소재 2부에 근무 중인 신남석 그룹장에게 고개 숙여 감사의 마음을 전한다.

두서없이 적어 봤다. 독자들은 두서없이 읽으면서 생각과 상상을 양념처럼 비벼 맛깔 난 비빔밥을 드시듯 머릿속 공간을 채우시면 좋겠다. 그런 황송한 마음이 들 따름이다.

목차

글쓴이의 말

1 10
– 라떼와 꼰대

2 14
3 16
– 떼까우가 삼켜 버린 하루

4 20
5 23
6 26
7 29
8 32
9 35
10 38
11 41
– 짝사랑 그놈

12 43

13 48
  – 작당 모의

14 53
  – 꿈을 꾸는 행복 말고 지금 행복

15 56
  – 반칙에 침묵도 죄다

16 62
17 65
18 70
19 72
20 77
21 82
22 90
23 93
24 96
25 98
26 102
27 109
28 115
29 123

30 130
　－ 돈과 사람은 절대로 구걸하는 것이 아니다

31 137
32 142
33 147
34 156
35 164
36 172
　－ 내일을 위해 오늘을 꼭 아낄 필요는 없어

37 178
　－ 내 나이 서른셋

38 188
　－ 경보의 원칙

39 194
40 200
41 207
　－ 행복을 찾아서

42 216
　－ 눈치를 보라는 것이 아니라 생각을 보라는 것이야

43 222

특별한 세상 228
- 가족사진
- 소나기
- 가리고 싶은 고백
- 그냥 그대로 있어 주면 안 되나요
- 마음에 뜨는 달
- 내 친구야 사랑해
- 욕심쟁이
- 이른 손님
- 누구일까
- 첫눈이 되어 너에게 갈 거야
- 친구에게
- 네 생각
- 홀아비
- 이별
- 흔들렸던 어제
- 국회의원

1

라떼와 꼰대

갈퀴나무 땔 사랑방에서 시커먼 얼굴에 눈곱 비벼 가며 부르튼 손등을 엄마가 데워 둔 세숫물에 씻는 둥, 눈곱을 떼는 둥, 얼굴을 씻는 둥. 바람처럼 이불 속을 헤맸다. 컴퓨터 대신 옆집 할머니네로 이어진 담벼락에 벌을 잡으러 가기도 했다. 구멍을 나뭇가지로 쑤시고 병을 갖다 대며 벌 몇 마리를 가두면 즐거웠다. 구슬치기, 비사치기, 민화투가 코인 노래방보다 행복했다. 그런 행복을 아는 사람들이 '라떼'만을 말하고 꼰대로 대접받는 게 일상이 되어 버렸다.

젊음이란 아우성이다. 한글화되어 가는 외국 언어들이 통상 된 틈, 저 멀리 모퉁이에 자리 잡고 주변을 살피며 도둑처럼 막걸리를 홀짝이고 있을지도 모른다. 예전처럼 그럴 수는 없지만 컴퓨터 속이라도, 코인 노래방 속에서라도 즐겁고 행복하시길. 자, 이제 젊은이들을 보듬고 그들의 세계를 당당하게 걸어 볼까나.

아이들아!

어른이 되지 말아라

두 눈은

감고 있어도

보이는 것들이 너무나 많단다

하느님께서도 전립선으로 고생하고 계신 것인지. 오늘은 검정 구름이 오락가락하고 빗물은 갈팡질팡, 바람은 상하좌우 구분하는 방법을 잊어버렸는지 부산했다. 그래서 더욱 정신없는 자연이다. 하늘은 여전히 어둡기만 한데 비는 소리도 없이 조용하게 그쳤다. 아마 하느님의 고통이 멈춘 거겠다. 약간 희열도 느끼실 거란 짐작을 했다. 그렇게 괜스레 마당만 질편하게 만들어 놓고서야 끝이 났다. 하느님도 세월의 무게는 어찌할 도리가 없는 모양이다.

그래서인지 석이네 당구장에는 반갑지 않은 똘마니 형들로 가득 채워졌다. 부딪히는 당구공 소리와 선배들의 낄낄거리는 소음은 천정이 무너질 것처럼 높게 높게 솟구쳐만 오르고 있다. 당구장 내부의 구조는 너무나 간단했다. 당구대가 4개, 게임비 받는 카운터가 중앙 가장자리 쯤에 있고 4인용 소파가 2개, 그리고 작은 방이 하나 있는데 일종의 휴게실이다. 우리가 휴게실을 장악할 수 있을 때는 형들이 없을 때만 가능했다. 학교를 파하고 가면 대부분 형들과 어른들로 가득 채워져서 시끄럽고 석이와 나는 잔일들로 눈코 뜰 새가 없이 바쁘게 움직여야만 하는 머슴으로 전락한다.

 어떤 날은 완이 형과 그 친구들이 조금 덜떨어진 여자애, 고상하게 말을 해 본다면 장애인이라는 누나를 데리고 와 수위를 넘어가는 장난을 할 때도 있다. 그러면 우리는 그저 정신 나간 놈들처럼 멍하니 쳐다보고 있을 때가 많았다. 비판의 언어 또는 제스처를 취해 주의하라는 표현을 사용할 수 없었다. 그랬다가는 우리의 아가리가 무사할 리 없기 때문이다. 내가 아직 어려서 그런지는 몰라도 그 누나가 불쌍하기는커녕 또래 남자들과 즐겁게 놀고 있는 것처럼만 보였다. 당구장 휴게실은 그들의 아지트지만 형들이 없을 때는 우리의 아지트가 되기도 했다. 석이는 나의 가장 친한 벗이기도 하고 나의 갈증을 달래 줄 수 있는 주머니가 항상 묵직했다. 마음이 맞아서인지 처진 주머니 속 동전 때문인지 알 수는 없었지만, 그놈은 늘 내 곁에서 언제 어디든 항상 함께하는 껌딱지 같은 존재였다.

옛 친구

황사가 온 세상을 가려 버렸던 날
어떤 이는 기분이 좋았고
어떤 이는 숨구멍을 가렸고
나는 어두운 선글라스를 찾았고
빛을 찾아 현시를 구겨 넣고

깊은 물 속 화려한 산호를 찾아서

오래도록 헤맸지만

숨 참는 방법만 온몸으로 배운 터라

어색해져 버린 육지

변하지 않는 것은 그대들

친구였다

고집으로 나를 보고

고집으로 말했던 나에게

다른 시선을 가르쳐 주는 사람

그대들 친구

2

 그리고 그 무엇보다 중요한 것은 그놈 형이 당구장을 운영한다는 거였다. 그 때문에 중학교 2학년인 내가 당구장을 아무런 제약 없이 들락거릴 수 있었다. 그것은 땡감 같은 마음에 다른 친구들보다 높아질 수 있다는 허울 좋은 핑계에 해당했다.

 당구장은 성전면 중앙쯤에 위치하였고 면 내에서는 최고 번화가에 위치해 봄에는 미술 선생님의 아름다운 그림처럼, 여름에는 체육 선생님의 땀에 젖은 셔츠처럼, 가을엔 음악 선생님의 하얀 풍금 소리처럼, 겨울에는 하얀 눈 위에 아름다운 시를 제작하시는 국어 선생님의 우수에 젖은 눈동자 같았다. 종종걸음으로 바삐 이동 중인 시골 사람들이 나름대로 아끼는 옷을 뽐내고 빗으로 가지런히 머리카락을 세워 각자의 일을 소화하려 오가는 시골 마을의 번화가인 셈이다.

 넓은 마당에 가건물 형태로 지어진, 이른바 어른들만 즐기던 놀이터에 우리 둘은 표식도 없이 스며들고 있었고 반복에 반복이 쌓여 당연시되었다.

　석이 형 이름은 완이 형이다. 완이 형은 우리보다 8살쯤 많다. 석이네에서 제일 맏형인데 석이하고는 의붓형이다. 고등학교를 졸업하고 할 일 없는 놈팡이에 사고만 치고 다녀서 마지못해 석이 아버지가 집 앞 한편에 차려 준 거였다. 친어머니가 떠난 후, 아마 우리는 이해하기 버거운 상실감이 들이닥쳤을지도 몰랐다. 또는 본인만 홀로 있다는 외로움을 느꼈을 수도 있고. 복합적인 이유가 있겠으나 완이 형 나름의 반항 흔적은 고스란히 식구들에게 드러나고 있었을 터다. 역시나 때 묻은 호박은 쓰임새가 제한될 뿐이었다. 깨끗하게 씻기지 않고서는 상 위에 올려질 수 없는 음식과 같고, 강아지 중 가장 빈약하고 못생긴 그런 존재겠다. 그 때문에 학교를 파하고 난 뒤 석이와 나는 당구장 청소, 당구대 관리 외 자질구레한 일들을 처리해야만 했다. 이는 시간이 지나 온전하게 우리의 것이 되고야 말았다.

3

 완이 형은 마술사와도 같았다. 허구한 날 당구장은 내팽개쳐 두고 오토바이와 함께 흙먼지 날리기도 전에 사라졌기에. 그리고 어디선가 묵직한 여인을 태우고 나타나는 어마어마한 능력의 소유자이기도 했다. 오늘은 어떤 계집애를 뒤에 태웠을까? 궁금증은 1시간도 채 지나지 않아 확인됐다. 몸의 균형이 조금 부족해 뵈는 이름 모를 누나를 구멍 날 것 같은 바퀴 허리에 2명이나 얹어 놓은 것을 보고야 말았다. 그런 누나들에게 대하듯이 우리에게도 보릿잎 바람에 스치듯 부드럽게, 엄마가 장에다 내다 팔려고 손에 쥔 어미 닭의 날개를 쓰다듬듯 애틋하게. 딱 그 반만이라도 베풀어 주면 좋았을 것. 그런 아쉬움은 꿈속에서 바라는 것조차 사치가 분명하겠다. 시간이 얼마 지나지 않아 민규하고 상배가 깐죽거리며 당구장 문틈으로 얼굴을 들이댔다.

떼까우가 삼켜 버린 하루

그렇다. 오늘은 석이 아버지의 제삿날이었음을 잠시 잊고 있었다. 당구장 뒤편 생태 공원처럼 드넓은 마당에는 석이네 가족들과 손님들이 서로 눈과 손을 맞추고 어떤 이는 포옹하며 영혼을 비워 둔 눈빛으로 인사했다. 상대는 별로 관심도 없을 것 같은 안부를 물어 대는 의식 및 절차들을 이행하기에 바빠 주변을 둘러볼 생각을 잊은 듯했다. 아버지는 생전 면 내에서 유지셨고 어머니를 두 분 보유하셨다. 석이네에서 급여를 받고 삯을 주며 가게를 지켜야 하던 주인들과 논밭에 곡식을 주며 농사짓는 주변 이들. 그들은 가식이더라도 지금처럼 큰 대사가 있을 때는 반드시 방문해서 눈도장을 찍어야 했다. 그러니 손님들이 바글거릴 수밖에.

당구장 옆 국민학교 정문과 거의 마주 보는 허술한 건물에 동창인 점애가 살고 있는데, 공부는 잘하지만 성깔 사나운 계집애다. 한 번 더 생각해 보면 TV 만화에 나오는 '빨간 머리 앤'이라는 캐릭터와 비슷하다고 생각되는 친구다. 어른들의 일이라서 잘은 모르지만 오며 가며 보이는 느낌은 이러했다. 점애네 아버지는 석이네 방앗간에서 머슴과도 같은 형태로 일했다. 그래서 그 허술한 집에 얹혀사는 듯 보였다. 점애 오빠는 형편상 학교를 못 다니고 이 일 저 일 하면서 생활했으나 주변 형들 말로는 성질 머리가 또라이 같지만, 머리는 참 좋은 친구라고 이야기했다. 가만 보면 또래 친구들은 정상적인 코스로 배움을 이어 가고 있는데 본인은 그렇지 못하니 어쩔 수 없는 반항이었을지도 모른다. 어두운 세상에 대항하는, 그런 것 말이다.

세상살이

지난밤
비바람이 존재를 알려 와
온 세상을 비틀었어
다음 날
아름답기만 했던
아카시아 꽃잎들이
향기로 존재를 알려 주었어

허기진 여왕벌 곳간에는
달콤한 꿀로 채워지기 시작했지
꿀벌들의 근육으로 각인된 채

재벌이 된 제왕의 금고는
빛이 났지

그러나
그건 그들의 것이 아니야

머릿속이 잔근육으로 가득한

양봉꾼의 것이지

4

 아무튼 오늘 완이 형은 오토바이에 시동을 걸 수가 없어 고스란히 당구장 밖을 동경할 수밖에 없었다. 우리는 누가 먼저랄 것도 없이 당구장 문짝을 걸어찼고 나머지 두 놈들과 의기투합했다. 평소 날짜만 찜해 놨던 거위 사냥을 실천하기 위해서. 사실 나는 거위가 뭔지 몰랐다. 알고 봤더니 평소에 우리가 알고 있던 큰 오리, 우리가 일반적으로 부르는 이름 '떼까우'를 표준어로 거위라 부른다고 했다. 작금의 시기는 사투리에서 표준어 즉, 서울말로 동화되어 가는 과정으로 볼 수 있다. 젊은 말로 거위이지 우리는 떼까우가 알아먹기 쉬웠다. 우리는 높은 한천 둑 아래에서 날이 저물어 사랑스런 어둠이 내려오시기를 기다렸다. 반공일에는 학교 파하고 평리 아이들, 삼열리 아이들 그리고 우리 동네 학동과 야구 경기를 자주 했다.

 내가 살고 있는 동네는 일명 하늘 아래 첫 동네. 언덕길 내리막길 구불구불 비포장도로를 걸어서 2시간, 뛰어서 1시간 30분, 자전거로는 40분 정도 걸리는 성전면에서 가장 멀리 있지만 마을별 학교 평균 성적은 언제나 1등을 내어 준 적이 없는 참 대단한 동네였다. 물론 그만큼 배움의 길이 험난하긴 했다. 열정이었다면 얼마나 좋았을까마는 못 배운 자식이라는 말이 극도로 혐오시 되던 시절이라 먼 거리일지라도 우리 동네 아이들은 배움의 열정을 주저할 수가 없었다. 나만 빼고.

작은 동네이다 보니 학생 수가 적어서 타동네와 야구 경기가 열리는 날에는 국민학교 5학년부터 중학생까지 합하여야만 간신히 팀을 꾸릴 수가 있었다. 평리, 삼열리는 모두 중학생, 우리 동네는 3분의 1이 국민학생들로 채워졌다. 국민학생들은 어려서 기대할 수가 없어 숫자를 채우는 용도이고 몇몇 중학생은 어떻게 걸어 다니나 싶을 정도로 일명 짝다리 버스다. 다른 말로 나무를 깎아 만든 야구 방망이를 들고만 있다가 아웃되어 돌아온다는 말이다. 비료 포대를 접어서 만든 글러브는 들고 있되 야구공을 받지 못한다는 뜻이기도 하다. 그래도 나를 포함한 서너 명만으로도 우리의 승리가 확실해졌다. 이유인즉, 내가 투수이자 장타자이기 때문이다. 안석이, 영주 형, 덕현이만 잘 뛰어 주면 되었다. 나머지 아이들은 쪽수를 잘 채워 도움닫기만 해낸다면 승리는 강 건너 불 보듯 우리 마을의 차지였다. 운동 하나만은 그 누구도 나를 따라올 수 없었고 그나마 석이가 만만찮게 치고 올라오는 중이었다.

이런저런 노가리를 풀다 보니 어둠께선 생각보다 일찍 오셨다. 날씨도 그랬고 지금 상황이 기가 막히도록 설레었다. 하늘에는 하느님이 우리를 도우사 별도 달도 헛간에 집어넣은 채 문을 잠근 듯했다. 최상의 조건이 아닐 수가 없었다. 결전의 시간이 발등 위에 궁둥이를 붙였다. 닭 새끼 사냥은 몇 번 해 봤지만, 거대한 거위 떼 까우 사냥은 처음이 아닌가!

5

 우리는 대부분 아침에 일어나서 쇠꼴을 한 포대씩 베어 놓고 등교했다. 그래서 민규는 쇠꼴을 베는 것보다 닭 새끼를 잡는 게 더 쉽다고 했다. 쇠꼴 베는 것보다 쉽다니. 민규에게 믿음이 이만저만 가는 게 아니었다.
 우리는 벌써부터 다음 계획까지 상상했다. 솥에 불을 붙여 물을 담뿍 채우고 떼까우 털을 네가 뽑을까, 아니면 네놈이 뽑을까 킥킥거렸다. 끝도 없는 생각의 계단 앞에서 들리지 않는 콧노래를 멜로디로 승화시켰다. 그것은 음악가가 악기를 연주하는, 가수가 노래를 부르고 화가가 붓놀림으로 채색하는 일과 같았다. 그 주인공들이 마치 우리인 양 두둥실 가슴이 들떴다.
 나와 석이는 망을 보면서 주변에 대한 경계 태세를 철두철미하게 했다. 사방에 개미 새끼 몇 마리 외출하는 것까지 감시하면서 민규 놈이 잡아 넘겨 주는 거위를 받아 내는 것으로 근사한 작전을 만들었다. 담장 밑에 납작 엎드려 대기하고 있으면 나와 상배 놈은 계단이 되어서 민규 놈의 발바닥이 담을 쉽게 넘어갈 수 있도록 등을 내어 주었다. 딱 2마리만을 목표로 한 뒤 민규 놈은 침투했다.

침투한 지 1분. 오! 그런데 웬일인가. 들어간 지 2분도 안 되는 찰나, 거위가 꽥꽥대는 진동음과 보초견의 컹컹 짖는 소리가 귓가를 강타했다. 만화 영화 속 하늘을 날아다니는 슈퍼맨보다 빠른 속도로 담장을 날아서 도망치는 그것. 빨랐다. 그놈의 속도는 더 이상 사람의 속도가 아니었다. 보면서도 넋이 있는지 없는지 판단할 새도 없이 얼떨결에 석이와 함께 뛰었다. 아니, 분명 우리도 슈퍼맨이 되어 날았을 터다. 장미네 떡 방앗간 옆 논두렁 사잇길인지도 남임이네 집 쪽으로 가는지도 분간이 안 될 만큼 헐레벌떡 날았다. 작년에 서울 사는 사촌 형이 신다가 지루하다며 주고 간 소중한 나이키 신발. 논두렁에 빠졌어도 손으로 집어 들 겨를도 없이 신발 한 짝만 신은 채로 뛰었다. 우리의 정체가 탄로 날까 두려운 마음으로. 어두운 골목을 찾아서 그 큰 마을을 몇 바퀴나 돌았는지를 한참 후에 인지할 수 있었다.

희망 앓이

희망이 찢겨지거든
서로의 숨결로 길게 이어 붙여
실을 만들고

흩어지는 눈물방울 모아다가
너와 나의 세월 무게를 더하여
꾹꾹 눌러
궁색한 바늘을 만들고
찰나의 통증과 동행하여
바늘 끄트머리에
동그라미를 그려 넣자

우리의 꼭 잡은 두 손처럼
찢겨진 희망 결을
한 땀 한 땀 꿰어
빛나는 희망 한 점 목에 걸어 두자

  정신이 정렬될 즈음 우리는 흩어졌던 정신 줄을 잡아 들었다. 나는 신발 한 짝 손에 들고서 바짓가랑이까지 빠져 흙 반죽이 되었다. 이후 잔뜩 풀이 죽은 채로 당구장 문고리를 잡았다. 줄줄이 나머지 녀석들도 들어왔다. 내 꼬라지를 보는 완이 형 얼굴에서 웃음기가 도는 듯했다. 어쩌면 완이 형이 내 모습을 보고서 동질감을 느꼈는지도 모를 일이다.

6

 민규와 상배에 대한 신뢰가 박살 난 순간이었다. 우리의 믿음과도 같았던 그 말. 쇠꼴 베는 것보다 쉽다고 했던 민규의 거위 사냥. 하느님이 우리를 위해 준비한 아름답고도 적당한 먹구름과 시원한 바람. 거룩하고 넘치는 복된 마음을 두 사람은 훌륭하게 거절했다. 흙투성이가 된 바짓자락과 출처가 사라진 나이키 신발 한 짝. 짝이 없는 신발은 없는 거나 마찬가지였다.

 나중에야 안 사실이지만, 지난 며칠 동안 몇 마리를 도둑맞아 주인이 꼭지가 돌아서 떼까우를 지키기 위해 사냥개와 함께 공기총을 들고 며칠째 그러고 있었다고. 오죽 화가 났으면 그랬을까. 하마터면 머리통에 바람구멍 숭숭 생길 뻔했다. 그러나 이대로 포기할 수는 없었다. 하느님이 도와주고 계시는데, 날씨가 말하기를 오늘 아니면 국물도 없다는데. 그러다 문득 국민학교 때 담임 선생님의 좋은 말씀이 생각났다. 생각이 머릿속에 머물러만 있다면 생각이 아니고 말을 해 놓고 행동으로 연결되지 않는다면 아무것도 아닌 게 된다고. 따라서 어떤 것이 되기 위해 우리는 실행을 해야만 했다. 선생님 말씀은 항상 옳으니 따라야 마땅했다.

당구장에 다시 집결하니 비슷한 머리 4개가 동그랗게 모여 목표물을 검색했다. 그 결과, 석이네 바로 옆집 장미네 닭장이 당첨되었다. 장미는 공부뿐만 아니라 얼굴도 예뻤다. 그래서 선생님들에게는 공부 잘하는 학생, 우리에게는 말이라도 건네 보고 싶은 사랑스러운 그녀였다. 아마 부모님께는 더욱 자랑스런 딸이었으리라. 웬만하면 다른 집을 탐색하려 했지만 갑작스럽게 일어난 상황이라 다른 선택지가 없었다.

석이네는 방앗간을 운영하였기 때문에 야외 화장실이 크게 지어져 있었다. 깨끗한 야외 화장실을 보니 전에 없던 우리 집 생각이 갑자기 스쳤다. 우리 집 화장실은 화장실이라 불리기엔 부족함이 많았다. 수세식 화장실에 쇠꼴 망태기 짚을 채워 화장지 대용으로 사용하고 있으나 여자들을 배려하여 신문지를, 그마저도 없으면 쓸모없어진 책 또는 공책을 두기도 했다. 엄마와 여동생을 위해 남자들은 거의 짚으로 닦아 냈다. 한 번에 정확히. 만일 실패해서 두 번을 닦아야 한다면 쓰라린 고통을 며칠이나 감내해야 했다. 측간은 방에서 거리가 있는데 외진 곳에 있어 날이 흐린 밤에는 여동생 연숙이의 보초 역할을 해 주었다. 혼자서 볼일을 볼 때마다 귀신도 무섭고 날아다니는 빨간 불의 도깨비도 무섭단다. 하나 겁 많은 것은 나도 마찬가지였다. 겁도 집안 내력인가 보다. 하루는 연숙이가 빨간 어둠 속에서 볼일을 보다가 징징거리며 나를 불러 댔다.

"오빠야!"

똥은 다 쌌는데 바닥으로 안 떨어지고 달랑달랑 매달려 있어! 어둠 속에서 찬찬히 보니 뭔가 매달려 있기는 한데 꾸물거렸다. 당장 엄마를 찾아야 했다. 몸이 오글거리고 무서워 나도 어찌할 수가 없었기 때문이다.

7

깜짝 놀란 엄마가 무슨 일이냐며 힐레벌떡 연숙이 엉덩이를 살피고는 맨손으로 전부 해결한 뒤에야 연숙이는 바지를 올릴 수 있었다. 그날 밤, 이 사건으로 우리 집은 대책을 찾느라 분주했었지만 해결책을 찾지 못하고 노심초사했다. 나중에 할아버지가 힐힐 웃으시며 조금만 기다려 보라더니 곧바로 사랑방에 들어가셨다. 얼마 지나지 않아 할아버지는 봉초 곰방대를 들고 나오셔서 지푸라기를 주욱 넣었다가 빼내셨다. 시꺼멓게 묻어나온 담뱃진을 엄지와 검지로 살살 훑아 내서 동그랗게 만들고는 막내에게 두 알 정도 먹였다. 뱃속에 회충이 그득그득 차 있던 게 원인이었다. 할아버지의 명약을 복용한 후 우당탕 전쟁을 몇 번 치른 후에서야 아름다운 황금색 똥을 반출하는 데 성공했다. 초주검이 되었던 연숙이가 얼마나 무섭고 두려웠을지 상상도 안 된다.

생각의 굴레

새벽바람이 차가워
한낮의 햇살은 뜨거운데

문득 어린 날이 생각났어
자전거에 동생을 매달고
비포장 자갈길을 헤치며
등교를 하지
아침 공기가 차가워도
외투는 입지 않았지
오후에는 덥다는 사실이 두려웠기에

지금은 외투를 입어
승용차가 나를 옮겨 주어도
왜냐하면 두려움을 잃어버렸거든

하여튼 석이네 화장실은 완전 고급 측간이었다. 화장실 벽이 우리 키 높이 정도 되었는데, 그 위로 슬레이트가 덮여 있어서 지붕과 벽 사이에 작은 간극으로 침투 공간을 확보할 수가 있었다. 민규와 상배는 신뢰를 소실했으니 당구장에 대기시켰다. 석이가 망을 보고 내가 담장과 지붕 사이로 몸을 쑤셔 넣은 뒤 사뿐사뿐 고양이 쥐 잡기 전의 움직임으로 무사히 착륙하여 닭장에 안착했다. 이렇게 쉬운 것을…. 이렇게 행동하기 전, 석이와 미리 작전을 짰다. 내가 닭 새끼를 잡아 담장 너머로 넘겨주면 석이가 받아 당구장으로 튀는 것. 그럼 거기 있을 신뢰도 바닥 뭉치들에 보관하라고 일러두는 데까지가 작전이었다. 이후에는 계획을 반복하는 일뿐. 2마리면 허기진 우리 창자 속 곳간을 채울 수 있었다. 절대 각자 움직이면 안 되었다.

마치 스포츠 경기 절정을 슬로우 모션으로 보여 주듯 움직여야 했다. 자는 목표물의 가슴 속으로 손을 살포시 집어넣고 두 날개와 목을 동시에 움켜쥐기까지. 그런데 닭들이 참으로 가만히 있었다. 성공이다! 통통한 결과물을 잡아 들고 담장 위로 올린 후 희망찬 그 이름을 불러 젖혔다. 석아! 석아! 대답이 없었다.

8

나는 다시 해 본 적 없는 다정함을 장착해 석이를 불렀다. 적막함이 화장실에 드리우고 채 불규칙한 숨소리와 함께 떨어지는 물방울 소리만이 들릴 듯 말 듯 할 뿐, 역시 대답은 없었다. 그리고 잠시 후 낯선 목소리가 나지막하게 들려왔다.
"저 석이 아닌데요!"
온몸이 성취감으로 도배되어 있던 나는 순식간에 공포를 느꼈다. 이는 곧 화로 변질되어 고슴도치처럼 몸을 부르르 떨 수밖에 없었다. 닭장 속의 나는 더 이상 닭장 속에 내가 아니었다. 하느님 계시는 곳을 향하여 원망 섞인 속마음을 발설했다. 입술을 깨문 채 계단을 걸을 뿐이었다.
"야! 장난치지 마! 장난칠 걸 쳐야지."
그에 답장처럼 들려오는 목소리.
"저 석이 매형인데요!"
직감한 현실을 상기하게 만든 한마디였다. 처갓집 식구들에게 거절하기 어려운 잔을 들이켰나 보다. 백년손님이라는 이름 아래 얼마나 오래 술과의 전쟁을 치렀을지. 그렇게 알코올을 중화시켜 방류하러 왔던 모양이다. 비틀비틀 걸어오는 매형을 보고서 석이는 말도 없이 혼자서 꽁무니를 감춰 버린 상태였다. 아무리 급해도 상황을 말이나 해 주고 가지. 나에게 지옥을 주고 튀어 버리다니. 천하의 나쁜 놈이다.

암흑이 세상에 도래했다. 비록 밤이라고는 하나, 구름의 방해를 무릅쓰고 간신히 살아 있는 몇몇 별빛만으로도 그 세계의 문을 붙든 채였는데. 어둠과 더불어 공허까지 한꺼번에 내 앞을 막아서고 있었다. 뒤섞인 세상에서 얼마나 지났을까? 화장실 주변에 사람들이 웅성이며 나를 불러 댔다.

"아야. 언능 나오니라. 잉?"

그 말에 천천히 나갔다. 맨발인 채로. 우리는 석이 아버지 영정 사진을 앞에 두고 가족 모두 모인 자리에서 음식을 입으로 털어 넣어야만 했다. 더군다나 귀엽게 생긴 석이 여동생의 어처구니없다는 듯 가늘어진 눈매와 45도 틀어진 예쁜 입술이 나에게 창피함의 정점을 선사했다.

연꽃잎

흙탕물 진흙 속으로
가녀린 뿌리 내리고

조그마했던 잎은
공작새 날개를 펼치듯
연못 위에 자리를 폈다오

댕그르르
아침 이슬 모아 모아
한 땀 한 땀 일어나서
영롱한 꽃잎 피워 내려
새벽 햇살 한 줌 묶었다오
화사한 너의 모습에
호랑나비 수줍어할 때

한여름 떨어지는 소낙비에
펼쳐 놓은 너의 잎사귀가
갈라지고 부서지고

뜰 앞
가느다란 잔디가 부럽기만 하다네

9

    같은 생각이라 말하는 사람들이 다른 말과 생각으로 행동할 수 있다는 걸 깨달은 시기. 3학년이 되었다. 이미 공부는 내 인생에서 외출해 버린 지 오래였다. 나는 2학년 2학기 때에 진로 상담을 마친 상태였다. 성장의 첫 번째 디딤돌이자 지겨운 시골 쇠꼴들과의 이별, 동경하던 하얀 피부 도시인의 일부가 될 수 있을 거라는 기대감. 주말에나 찾을 학동마을을 상상하게 되는 낯섦과 귀여운 막냇동생 연숙이를 가끔 볼 수 있을 거라는 새로운 경험. 부모님이 힘들어하시는 헛간 거름들을 간간이 정리해 주는 그런 든든한 아들이 되고 싶다는 마음이 있었다.

    만약 고등학교 진학을 광주로 간다면…. 나는 힘이 세서 겨울이면 무한정 체력을 사용할 수 있는 동네 아저씨들 몇 명을 선정할 것이다. 목재로 사용 가치가 있는 나무를 베고 쌓인 눈과 비탈길에 미끄러져 가면서 신작로에 있는 트럭까지 그것들을 옮길 터다. 이는 일명 산판이라 불리기도 한다. 시골에서 몇 안 되는 현금을 바로 만질 수 있는 일인 데다가 그 일당 또한 만만치 않았다. 비슷한 일 중에는 가을에 농협에서 나락 공판을 하면 동네 가정마다 나락 등급을 받았다. 그 후에 수거된 나락 가마니를 농협 창고에 저장하는 데, 일명 '가데기'라고 어깨에 나락 가마니를 메고 창고에다 차곡차곡 쌓는 일이다. 마찬가지로 산판과 가데기는 비슷한 대접을 받고 면내 건장하면서도 적당히 타협할 줄 아는 몇몇 장정들만이 선출될 수 있다. 당연히 산판은 선택받은 자들의 계절 직장이라 일당도 세고 경쟁이 치열하지만, 반장 아저씨가 면내 체육 대회에서 씨름하는 내 모습을 보고 '어린놈이 짱짱하네.' 하시고는 나를 써 먹어 주시고는 했다.

　나는 같은 동네 뒷봉에 살고 계시는 외삼촌과 함께 일했다. 외삼촌은 추곡 수매 때에도 가데기 일꾼으로 든든한 울타리가 되어 나를 이끌었다. 춥고 눈 내리는 비탈진 산기슭에서 옮기던 통나무와 함께 미끄러지고 넘어져도 중학생인 나는 어른들과 동일한 조건과 품삯을 받았다. 나중에 땀 흘리고 집에 돌아가면 안타까운 얼굴로 안아 주는 엄마의 작은 품속이 너무나도 사랑스럽고 좋았다. 돈에 가물어 하시는 엄마에게 일당을 내밀면 미안함과 동시에 기뻐하시는데, 그럴 때 나는 가끔 내가 벌써 어른이 되었나 싶기도 했다.

　그러나 선생님과의 진학 상담에서 나는 여지없이 솜털 같은 꼬마였다. 나에게 연합고사는 의미가 없어졌다. 어린 나에게는 선생님의 진학 상담이 너무나 상처였고 실망이 층층이 쌓여 내 몸을 눌러 고정시켜 버렸다. 아주 좋은 성적은 아니었지만, 상위권이라 그래도 일명 노는 학생들과 거리를 둘 수만 있다면 좋은 결과를 기대할 수도 있을 것만 같았다. 그 때문에 충분히 가능하다는 믿음으로 더 열심히 공부하고 있었던 터다. 그러나 선생님은 너희 집은 가난해서 시골 학교에 진학해야 하고 시간 내서 농사일도 거들어야 하며 여러 핑곗거리를 만들어 도시 학교 진학 불가 사유를 어린 내게 길고 또 길게 말씀하셨다. 처음 이해할 수 있는 몇 마디 말고는 자동으로 귀가 닫혀 들을 수가 없었다.

듣고 싶은 언어가 내겐 필요했다. 그러나 듣고 싶은 내 언어는 그 후로 한 마디도 들을 수 없었고, 내 머릿속에는 이미 세상과 선생님에 대한 투쟁 의지만이 선명하게 각인되었을 뿐이다. 교사에게도 해당 지역으로 진학하는 학생이 부족함 없이 채워져야 근무평점에 도움이 된다는 소문이 있었다. 그 소문이 현실로 반영되는 왜곡된 순간이었다.

> 가끔 이런 생각을 한다
> 아이들은 어른들의 생각을 이해하기 어렵다
> 어른들은 아이였던 때를 겪어 보았고
> 아이들은 어른을 경험해 보지 못했다고.
> 어른들은 지나왔기에 쉬이 아이들에게 말할 수 있는 거라고
> 이해할 수 없는 언어로 아이들에게 윽박만 지른다면 진정한 어른이 아닐 거라고
> 그저 어른처럼 보이는 키가 큰 아이일 뿐이라고

10

 어린 나에게 선생님의 말씀은 충격이었다. 다른 말은 들리지도 기억나지도 않았다. 학생들을 가르치고 어려움 속에서도 극복할 수 있는 지혜를 심어 주며 옳고 그름을 판단할 기초를 알려 주는 일. 그렇게 비정상적인 사람이 되지 않게끔 노력해 다음으로 나아가는 학생들에게 꿈과 희망, 불온한 망상을 구별하게 힘쓰는 일. 그게 교사의 우선 과제라 믿었다. 그러나 선생님의 발언은 내가 생각했던 어른들에 대한 모든 배반을 일깨웠다. 마치 어머니가 도시락 속의 반찬 국물이 흘러내리지 않도록 단속하여 주셨는데 점심시간에 뚜껑을 열어 보니 가관이었다는 느낌. 성적이 후반에 가까운 부잣집 아드님은 여지없이 도시 학교에 배정받았다. 지금 생각해 보면 선생님의 행동이 그럴 수도 있겠다는 생각이 들기도 한다. 어차피 선생님들도 사람이고 어린 학생들은 현실을 인정하지 못하니까. 가족 구성원들의 사정을 가정 방문으로 짐작하고 있었으리라. 어찌 어린 학생의 눈으로 어른 선생님의 행동들을 옳고 그르다고 결론 내릴 수 있을까마는, 보드라운 언어를 통하여 덜 익은 학생의 등을 달래 줄 수는 없었을까.

  세상 대부분의 선생님은 멋지고 아름다운 분들임은 틀림이 없다. 그러나 지금 그분은 나에겐 더 이상 선생님이 아니었다. 선생 놈이 되어 버렸고 규칙도, 방법도, 믿음도 모든 것이 저항의 일부가 되었다. 시골 허접한 고등학교 진학이 결정된 순간, 이제부터 나는 저항군이다. 주변 전부에 대하여. 질풍노도의 시기가 아닌가! 스스로 시기를 탓하는 모양새 또한 우습고 기괴하지만, 무엇이라도 탓하고 어떤 거라도 붙잡고 싶은 마음이었다.

    하늘이 갈라졌어
    먹빛의 구름은
    소나비를 싣고
    가뭄은 도시를 찾아
    여행을 떠나갔나 보다

    하늘빛 공간에
    몽실한 흰 구름
    빨래처럼 걸려 있네

    어머나
    바닷가 하늘에

제비가 파도를 탄다

조만간
나락이 고개를 떨구려나 보다

11

 나는 아이들에게 틈이 날 때 이런 말을 하고는 한다. 어른이 되어야 한다고.
 잘 먹고 잘 자면 시간은 알아서 무탈하게 흐르겠지만. 그처럼 누구나 몸뚱이는 어른이 되어 가고 있겠지만. 마음과 습관, 행동은 사람과의 만남 그리고 이별에 필수적이다. 더불어 우리의 몸뚱어리와 스스로의 정신 상태, 타인에 대한 배려까지. 이 모든 게 조화를 이룰 수 있도록 노력이 필요하다고.
 머릿속에 담긴 사상들과 마음에 채워 놓은 마인드가 부족하여 어른인 척하는 사람들이 세상에 흔히 널브러져 있는 것처럼 비바람에 스며들어 진창이 된 여느 도로 주변에 산재해 있다고.

짝사랑 그놈

　부족한 나이에 부족한 마인드를 보자기에 싸매고는 옆 동네 작천에 있는 고등학교에 진학하였다. 1학년 2반 사춘기가 나 몰래 시작되었나 보다. 선생님 말씀을 귀에 담고 손끝을 따라가야 하는데. 반항으로 점철된 마음은 의미 없는 교실 천장과 운동장을 허덕였다. 그러다가 칠판 위 태극기 가장자리 여백에서 나는 만나고 말았다. 2분단 앞자리쯤 앉아 있는 세상 아름다운 소녀를. 그녀는 나조차 말리지 못할 정도로 재빠르게 성냥을 가져와 냅다 불을 붙였다. 고장난 사람에게 서툰 짝사랑이 허락도 없이 찾아와 버렸다. 사람 남자와 사람 여자의 존재 성질을 모르고 시작된 모닥불 같은 반응이었다. 열 번 찍어 안 넘어가는 나무 없다는 이상한 말이 진리인 줄로만 알던, 나는 뼛속까지 촌놈이었다.

12

손톱도, 하물며 발톱마저 고울 것 같은 그녀는 1년 내내 나를 포박하여 깊이를 가늠할 수 없는 수렁으로 발길을 이동시켰다. 드라마 속 주인공을 갈망하면 리모컨이 손가락을 지배해 버리듯 그녀에 대한 기쁨으로 아침을 맞이하고 황홀한 태극기와 함께 설레기도 했다. 때로는 아픔에 한낮을 소비했으며 밤에는 꿈까지 찾아와 본인의 영역을 넓혔다. 심지어 목에 여여쁜 리본을 사정없이 묶어 놓은 양 숨 쉬기 어려울 때도 잦았다. 늘 마지막에는 통증에 자리를 빼앗기는 일상이었으나 어쩔 수 없었다. 내가 나를 포박한 탓이니. 어쩌면 그때 지독히 아파 본 탓에 지금 내가 감정 컨트롤을 조금이나마 하는 건지도 모르겠다.

당신은

창살에 두 눈이 갇혔을 때

길을 걷다 들풀에 넘어졌을 때
새들이 어색하게 날았던 하늘에도
거기 계셨습니다
지금 내 머리에
하얀 꽃 곱게 피어나고
향기 맑게 고여 있으니
벌새처럼 날아와 가져 가세요
빗장 열어 놓았으니

   생각해 보면 교과서에서 배울 수 없는 것들을 경험으로 알게 된 후 얻은 게 삶을 살아가는 기술인가 보다. 깊이를 가늠할 수 없는 늪에 발목을 허락해 버린 것이다. 그녀의 이름은 채옥이다. 예전 같았으면 야자 시간에 몰래 땡땡이치며 당구장에서 형들과 당구나 치고 있을 시간이지만 그녀가 내 안에 머문 후로는 선생님마저 이상하게 생각할 만큼 교실을 잘 지키고 있었다.
   어느 날, 야자를 마치고 채옥이가 무슨 일인지 자취방으로 향하지 않고 성전과 맞닿은 명동 시골집으로 혼자서 걸어가는 게 아닌가! 채옥이는 내 자취방에서 얼마 떨어지지 않는 곳에서 자취한다. 그런데 시골집으로 발길을 옮기길래 무슨 급한 일이라도 생겼나 생각했다. 그래. 대충 짐작은 하고 있었겠지만, 이번 기회에 고백해야겠다 싶어서 조금 거리를 둔 채 그녀를 뒤따랐다. 시골의 밤 10시는 가로등과 차들이 어둠에 묻혀 쉬는 시간이다. 그래서 한가한 하늘에는 다정한 별빛들이 옹기종기 모여 우리를 감시하듯 굴었다. 내 마음과 닮은 초승달도 깜빡이고 있었다. 한참을 망설이고 용기 내기를 몇 번 정도 반복했을까. 깊어져 가는 어둠처럼 내 마음도 시커멓게 타들어 가고 있을 때였다. 커다란 화물차 한 대가 내 옆을 지나가는가 싶었는데 그대로 채옥이 옆에 서는 것이 아닌가! 거기서 기사 아저씨가 내리더니 이윽고 채옥이와 실랑이를 했다. 그 모습에 깜짝 놀라 뛰었다. 바람처럼 '채옥아, 채옥아.' 입을 열었다.

나의 울부짖음을 들은 화물차 기사는 재빨리 차를 몰고 엔진 소리와 함께 사라졌다. 화물차 전조등 때문에 눈이 부셨던 순간들이 지나고 나나 주변에 어둠이 더 짙게 내려앉은 듯했다. 놀란 채옥이는 토끼 눈 뜬 채로 실신 직전이었다. 갑작스러운 상황에 나 또한 아무 생각할 수가 없었고 채옥이도 멍하니 서 있을 뿐, 넋이 나가 버린 사람처럼 아무 말도 하지 못했다. 그렇게 바보가 되어 얼마큼 걸었을까? 다리만 지나면 채옥이 동네였다. '잘 가.'라고 말하니 '그래.'라는 답이 들려오고서는 서서히 사라졌다. 뒤돌아 걷는 길에 바보, 멍청이 등 나는 내게 수도 없이 욕을 퍼부으며 머리를 쥐어박았다. 너를 좋아한다고, 사귀자고 왜 말을 못 했을까. 나만이 이성에 눈을 뜨고 있었나 보다. 간절함은 바로 이런 감각인가 싶기도 했다.

사랑한다는 것은

내가 누군가를 사랑한다는 것은
얇디얇은 잎처럼 보이는
두둥실 흘러서 지나가는
뭉게구름의 한숨 짓는
모양새가 아니고
왔다가 지나가는
바람결의 펄럭임도 아니고
한 아름 안겨서 피어오르는
향기로운 들꽃의 춤사위라
깊고 깊은 가슴속에서
태초의 맑은 원천수가
넘쳐서 흐르고
시냇물과 어우러져
논두렁 꼭대기를 넘어서
양식의 뿌리에게 보내는 간지럼이고
깊고 깊은 대지의 아래에서
세상에게 얼굴을 내밀고 싶은
뜨거운 용암의 욕망처럼
그대와 함께하고 싶은
숨 막힌 간절함이지

내가 누군가를 사랑한다는 것은
내가 당신이 되어 버렸고
언어의 부족함을
알게 되는 순간이었다

다음 날, 학교에서 재연이와 작당 모의가 진행되었다. 재연이는 작천고등학교에 들어와서 쿵짝이 제일 잘 맞고 눈빛만 주고받아도 육하원칙을 굳이 말하지 않아도 되는 그런 친구다. 아마 재연이는 이해심이 풍부해서 내 단점마저도 이해해 줬고, 또 아랫삼거리 할머니 단골 막걸리 고객이자 엄마가 학교 부녀회 회장님이셨다. 재연이 엄마는 세련되고 자상하며 지혜로운 드라마 속 부잣집 사모님 같은 참 괜찮은 엄마시다. 나 같은 덜 익은 친구를 만나고 다닌다며 재연이를 따끔하게 혼쭐낼 수도 있었으나 그분은 그러시지 않았다. 오히려 응원해 주시고 아껴 주셨다. 그분을 알게 된 까닭에 나는 참 많은 것들을 참아 내고 배울 수 있었던 듯싶다. 재연이네 형제들은 재연이만 제외하고 모두 우등생이었다. 특히 동생은 우리처럼 이런 고등학교가 아닌 어른의 꿈을 이룰 수 있는 특별한 고등학교에 진학했다. 아마 동생도 노력했겠으나 엄마의 훌륭한 에스코트 덕분도 있을 거라 나는 믿어 의심하지 않았다.

13

언젠가 재연이 생일날 재연이네에서 10명 정도 되는 친구들과 함께 음식을 먹은 적이 있었다. 우리 집 같으면 아무 말 없이 엄마가 미역국에 평소보다 조금 다른 반찬 몇 가지를 아침 밥상에 더 차려 주시고는 방긋이 웃어 주시며 학교 잘 다녀오라 말하는 게 끝일 터다. 재연이 엄마가 차려 준 찬의 종류가 여럿인 것은 그렇다 쳤는데, 2년 묵은 매실 담금주를 내어 오셨다.

"느그들 술들 잘 마신다는 거 다 안다. 적당히만 먹어라."

여느 시골 엄마들하고 생각 차이가 확연히 다르신 아름다운 어머니셨다. 아버지는 월출산에서 캐온 동백나무며 이름 모를 나무들을 분재라는 이름으로 마당에 온통 진열해 놓으셨다.

아이들은

발부터 뛴다

그렇기에 갔다가 돌아오기를 반복한다

생각이 짧기 때문이다

어른들은

머리부터 뛴다

그렇기에 도중에 넘어지기 일쑤다

생각이 너무 많기 때문이다

머리와 발이

나란히 갈수록

멀리 간다

작당 모의

아무튼 이렇게 진행되는 작당 모의의 주제는 강아지였다. 얼마 전, 학교 매점에 멍멍이가 알록달록 예쁘고 귀여운 강아지를 4마리나 낳았다. 최근에는 선배들에게 당구를 연전연패한 터라 우리의 주머니가 너덜너덜해져서 가난에 허덕이고 있었다. 아랫삼거리 천사 할머니네 막걸리도, 당구장도 쩐의 고갈로 인하여 갈 수 없을 정도였다. 그래서 맘씨 좋은 매점 아줌마를 배려해서 예쁜 강아지 4마리 중 3마리를 강진장에다 팔려고 생각했는데, 혹시나 아는 사람을 만날 듯도 해 영암장에 내다 팔기로 작정했다. 토요일 학교를 파하니 매점도 문을 닫았다. 똑똑한 우리의 작전대로 책가방 속에 책을 비우고 강아지 3마리를 담았다. 강아지는 너무 어려서 잘 짖지는 못하고 징징댈 뿐 조용했다. 책가방에 강아지를 담고 자취방으로 데려와 하룻밤을 보냈어도 오줌만 조금 쌌을 뿐, 어려움은 별로 없었다. 강아지 서리는 닭 서리와 비교되지 않을 만큼 쉽고 편했다.

그렇게 다음 날 일요일, 영암장으로 향했다. 버스를 타고 가는 도중 얼마 가지 않아 강아지들이 요란하게 울어 댔다. 개똥 냄새가 버스 구석구석 진동했고, 사람들은 가방에 강아지가 들어 있는 것을 보고 아픈 눈초리를 사정없이 쏘아 댔다. 강아지들이 멀미한 것이었다. 그제야 알았다. 개도 멀미한다는 것을. 멀미하는 개새끼들을 달랠 수도 없고, 그렇다고 버스 안에서 버릴 수도 없어 사람들의 눈을 피해 시장 한 정거장 전에서 쫓기듯 내렸다. 그렇게 논둑에서 풀을 뜯어다가 가방 안쪽을 대충 닦아 내고 시장으로 진입했다. 대놓고 흥정할 용기는 없기에 개를 파는 사람들에게 보여 주며 사 달라고 부탁도 해 보았지만, 강아지와 우리는 한 번씩 훑어보고는 이상한지 사 주지를 않았다. 어쩔 수 없었다.

영암종합고등학교에 우리와 교류하던 녀석들에게 연락해 사람들로 넘치는 시장통에서 간신히 만나서 사정을 이야기했다. 개를 팔 수 있는 방도를 알아봐 달라고 가녀린 눈빛으로 부탁하니 의기를 알아챘는지 아는 사람이 있다며 순식간에 사라졌다. 이내 금방 팔아 와 5만 원을 우리 손에 쥐여 주었다. 평소 이놈들 하던 짓거리가 있어 5만 원만 받았을 리가 없었을 터다. 그래도 우리 수고를 덜어 주었으니 아무 말도 못 하고 2만 원을 수고비로 건넸다. 그렇게 우리는 주머니에 3만 원을 채워 아랫삼거리 천사 할머니네에서 시래기 된장국에다 막걸리를 먹고 파친코 소리 울려 퍼지는 당구장에 도착해 형들에게 다시 도전장을 내밀었다.

 당구는 그날의 컨디션이 아니라 실력이어야 한다. 어쩌다가 한 번씩 이기는 경기가 지속된다면 점수를 내려야 하고 어쩌다가 한 번씩 지는 경기는 남들이 말하지 않아도 스스로 올려야 한다. 그러나 주머니가 궁핍한 우리 같은 학생들은 지는 것도 지는 것이지만, 쩐의 전쟁에서 장렬하게 소멸하게 된다. 오늘은 강아지들이 주머니에 여유를 채워 준 덕분에 평소보다 안간힘을 짜내어 큐를 부려 댔으나 여유로운 스냅으로 형님들은 우리에게 짜디짠 소금물 당구를 일깨워 주었다. 이 맛에 큐를 잡지. 아쉬움이 많이 남기는 했지만, 작당은 어색한 성공이라고 말하고만 싶었다. 그렇게 묘한 긴장감 속에 월요일을 맞이했다. 지은 죄가 있어서 매점 주변에는 얼씬도 하지 못하고 눈치만 살살 보면서 시간을 보내고 있는데 시끄러울 줄 알았던 매점은 평소와 다를 것 없었다. 쉬는 시간, 점심시간에도 군것질하며 수다를 떨어 대는 여자 아이들의 즐거운 말소리만 울려 퍼질 뿐이었다. '우리가 잘 치워 준 건가?'라는 생각이 들 정도였다.

 2학년 여름방학을 얼마 남겨 두지 않은 어느 가을날, 석이가 내 자취방을 찾아왔다. 석이는 나와 다르게 병영에서 상업고등학교를 다니고 있지만, 나와 같은 학교를 다니냐는 소리를 들을 만큼 우리는 하나처럼 보였다. 재연이와도 아삼육이다. 자연스레 아랫삼거리 점방 뒤뜰로 이동하여 막걸리하고 시래깃국을 주문하니 석이가 나름 진지한 표정을 지으며 말을 걸어왔다. 좀 더 정확하게 말하자면 막걸리만 주문하면 주인 할머니가 시래깃국은 그냥 내어 주신다. 학생이 무슨 돈이 있냐며. 할머니는 학생이 막걸리를 먹는 데 문제 삼거나 눈살을 찌푸리지 않으셨다. 우리 선후배 똘마니들이 길을 잘 들여 놓아서인지 아니면 할머니 젊었던 시절에 우리 나이에 막걸리를 마시며 밭일을 하기도 했으니 자연스러운지도 모를 일이다. 그래서 우리는 주름진 천사라고 농담처럼 말했다.

"영운아! 순천에 있는 어떤 고등학교에 야구부 입단 테스트가 있다는데 너랑 나랑 테스트 한번 받아 볼래?"

음식이 나오기도 전에 석이가 갑자기 무슨 뚱딴지같은 말을 전해 왔다.

14

꿈을 꾸는 행복 말고 지금 행복

 사실 우리는 국민학교 저학년 때에는 학교 씨름부였었고 고학년 때에 나는 던지기 선수로 강진군에서 하는 체육 대회에서 2등을 먹었다. 석이도 학교 대표 배구부로 출전하여 작천면 다음으로 2등을 하였다. 국민학교 중학교 통합 대회라서 우리의 성과가 나쁜 것은 아니었다. 특별한 것 없고 희망도 없었다. 그냥저냥 하루를 장난삼아 답답하게 멈추어 놓았던 양. 지루한 고교 생활을 마지못해 채우고 있었던 터다. 그래서 석이의 제안이 인생 첫 도전 의식이자 목표의 전환기가 될 수도 있을 듯했다. 나는 그런 결정을 앞두고 있었는지도 모르겠다. 사회에서 시작한 지 얼마 되지 않은 프로 야구 경기가 연일 이슈였다. 급변하는 시대 발전의 기틀인 사람들. 축공들의 땀에서, 중동의 사막에서, 가족의 그리움에 대한 어머니 아버지들의 힘겨운 날들 속에서. 그들 몰래 자리 잡고 있던 스트레스를 풀어 주었다. 많은 이의 스트레스가 무엇인지조차 모르던 때이지만 만약에 알았다면 그들이 꿈꾸던 부러운 변명이었을 게다. 그 주인공들이 선동열, 최동원 등 야구 선수인 것처럼만 느껴졌다. 그 밖에 여러 구단 중 해태 타이거스는 우리나라 프로 야구의 한 축을 긋고 있었다. 당연히 우리에게는 동경의 대상이었다.

학교 학습뿐만이 아니라 학교생활 자체에 회의를 느끼고 있던 터라 나에겐 돌파구가 필요했다. 그리고 채옥이의 행동을 생각해 보면 나라는 존재감이 털끝만큼도 없음을 내 작은 감으로도 짐작해 볼 수 있다는 스스로의 결론에서 숨고도 싶었다. 어떤 날 번화가 버스 정류장에서 다정한 웃음과 사랑스러운 눈빛으로 내가 모르는 친구를 대하는 그녀의 살가운 모습에서 현실을 깨닫게 되었다. 절대 그녀의 곁은 내 자리가 될 수 없다는 것을. 그래도 채옥이는 나의 숫이성을 자라게 해 주었던 첫 번째 새순과도 같아서. 그 친구는 이제 내 마음속에 숨겨져서 간직된 사람이 되어 버렸다.

나에게 야구는 주말에 산에 가서 참나무를 베어다 장작 패는 도끼질보다 자신 있었다. 그렇다고 의욕만으로 테스트를 보러 갈 수는 없었다. 석이가 말하기를 목포 영흥고, 광주 진흥고 야구부원들이 해체되고 잘하는 몇몇은 스카우트되어 타 학교로 흩어졌다고. 이른바 2진들이 순천으로 모여들어 경쟁력이 쉽지만은 않을 거라고 했다. 나무를 깎아서 만든 배트와 비료 포대를 접어서 동네 야구만 했었던 우리에게 과제가 주어진 것이다. 석이가 글러브 2개와 배트를 구해 왔다. 한 번도 껴 보지 못했던 글러브는 생각보다 쉬웠다. 변화되는 볼 눈에 담기, 룰에 대한 숙지 등등. 치고 뛰고 던지는 것은 자신 있다. 다만 규칙과 감독, 코치들의 역할을 숙지한다는 건 거의 불가능에 가까웠다. 그 부분이 지금은 중요하지 않을 듯해 차차 익히면 될 거로 생각했다. 지금은 기초가 너무나도 간절한 상황이었기에.

15

반칙에 침묵도 죄다

'그래! 우리도 훈련해서 합격, 불합격을 떠나 강진 촌놈들의 역량을 보여 주고 미래의 길을 한번 만들어 보자!' 하고 다짐했다. 결과를 떠나서 내가 좋아하는 것을 지금 실행에 옮겨 보지 않는 건 내가 스스로를 없이 여기는 일이고 자신에 대한 무능함을 인정하는 일이며 화창한 젊음에 반칙을 선사하는 일이다. 우리는 여름 방학 동안 전지훈련을 가기로 하였다. 스포츠 경기에서, 젊음에서, 자신에게서 반칙은 패배보다 더 나쁜 것이니까! TV나 만화책에서 보면 운동선수들이 모래밭에서 타이어를 끌고 뛰면서 훈련하는 광경을 눈으로 봐 왔기 때문에 따라 하면 되지 않겠나 싶었다. 장소는 석이가 잘 아는 곳. 영암 독천에 이모가 살고 계신다고 했다. 그곳은 독천의 어느 바닷가. 그쪽 백사장에 텐트를 치기로 했다. 나는 준비할 게 거의 없었고 텐트며 잡다한 것들은 모두 석이 몫이었다. 우리 집에는 농사에 필요한 물건도 부족했다. 그 외의 것들은 있어서는 안 될 사치품이었기에 어른들의 시각에는 캠핑 준비물이 사치품처럼 느껴졌겠다. 그런 게 집 안에 있다는 뜻은 소중한 쌀알을 축내는 나락 가마니 속 쥐새끼와도 같은 존재일 테니.

그리고 보니 얼마 전 큰누나가 서울서 왔다가 펌프식 석유 버너와 코펠을 두고 가 그걸 챙기기로 했다. 엄마는 누나의 서울 생활에 고생이 많다며 음식을 이것저것 싸 줬고, 누나는 짐이 눈덩이처럼 불어나 그 2개를 두고 갔었다. 엄마는 누나를 보며 습관처럼 두 눈을 번갈아 비비시며 이내 어색한 웃음으로 사기 치셨다. 객지에서 고생하는 딸아이가 휴가에 엄마를 보러 왔다가 다시 일터로 가는데 아직 간수해야 하는 아이들이 3명이나 더 남아 있어서. 그래서 무엇도 해 줄 수도 없는 부모 마음이 짐작이 가기는 했다.

엄마는 음식을 잘하시지는 못하신다. 정확히 말하자면 음식은 자주 하시는데 음식의 재료는 한정되어 있었다. 논과 밭 그리고 학동 주변의 산과 들에서 채집되는 풀떼기들이 주재료인 까닭이었다. 그 맛은 조미료에 의존하실 뿐 솜씨는 자랑할 만하지 않지만, 동네 사람들에게 친절하신 아버지의 영향이 음식에 보태졌을 수도 있겠다. 여하튼 엄마의 상냥함으로 조미료보다 효과적인 맛을 발휘했다. 아무리 맛있는 음식이더라도 매일 먹는 보리밥보다 특별한 날 먹을 수 있는 퍼진 쌀밥이 더 맛있고 희면서 짠 김치보다 빨갛게 고춧가루가 덧씌워진 김치가 맛있다. 맛이란 재료 수집이 넉넉한 집이라야 음식 솜씨가 좋은 엄마가 될 수 있다고 나는 본다. 그리고 새벽에 할아버지를 비롯해 가족의 아침상을 준비해 놓고 들로 밭으로 향하시느라 정신없는 나날이 매일이었을 터다. 아마 음식은 맛이 아니라 가족들의 배를 채워 주는 일종의 의식이었음이 분명했다.

엄마는 거짓말쟁이

새벽 수탉보다
부지깽이 소리가 빠르지
논두렁 이름 모를 들꽃은 잡초라며
거짓 울음 들고 낫을 잡지
엄마는 거짓말쟁이
소똥 두엄 깨끗하다며
두 손으로 움켜쥐지
명절 음식
만들면서 먹었다고 배부르다지
한겨울 냇물 시원해서
방망이를 두드리지
엄마는 거짓말쟁이
셀 수가 없어
숫자가 모자라다네

엄마도 여자다. 치장하고 멋을 내고 맛을 알고. 이 모든 건 엄마에게 사치였다. 옷이란 찢기거나 구멍 난 곳으로부터 본인의 살갗을 가리는 물건이었고 음식이란 그저 허기진 자신의 창자와 가족들의 배를 채워 주어야 하는 도구 중 하나일 뿐이며 자식들이 어디 가서 주눅 들지 않아야 하는 목적의식에 고스란히 덮여 사는 일. 엄마는 그런 삶의 단상에 서 있었다. 어느 날 엄마를 따라 작은 골 밭에 갔다. 엄마는 몇 군데 있는 밭뙈기 중에 그곳을 가장 좋아하셨고 자주 가셨다. 산이 높아서 그런지 이곳도 일찍 어두워져서 길이 잘 보이지 않았다. 산짐승의 공격이 있을 수도 있었으며 깊지는 않으나 산에 가려져 동네가 눈에 담기지 않는 곳이기도 했다. 할머니가 말씀하시길, 예전에는 호랑이가 사람을 해치고 뼈만 여기저기 흩어져 있어 정신없이 집으로 달려왔던 적도 있다고. 진짜인지 아니면 일찍 집에 들어오라는 경고였는지 나는 구분할 수가 없다. 그나저나 엄마가 유독 작은 골 밭에 자주 가시는 또 다른 이유를 알 것도 같았다. 바로 옆 산꼭대기에 마을이 있었다. 마치 구름이 옹기종기 모여 소꿉장난이라도 할 것 같은 풍경을 펼치면서. 우리 동네 학동도 하늘 아래 첫 동네라며 친구들이 놀리고는 했는데, 그렇게 따지면 엄마의 동네는 하늘에 있는 동네나 마찬가지였다. 걸어서 20분 남짓 걸리는 하늘 동네가 엄마의 고향 마을 사동리다. 엄마는 친정과 가장 가까운 거리의 밭이 제일 애착이 가셨던 모양이다. 1년에 두어 번 명절에 외갓집을 가노라면 돼지고기 두어 근에다가 약간의 전, 생선을 보자기에 담고 작은 골 밭 옆길로 이어진 사동리 외갓집으로 향하셨다. 어찌 저리도 사뿐히도 산길을 오르시던지. 엄마의 엄마, 엄마의 아버지, 형제가 계시는 곳. 엄마를 걱정해 주는 유일한 분들이 계시는 그 높고 가까운 곳이 얼마나 그립고 가고 싶으셨을까. 친구들은 다 떠나고 없겠지만, 어릴 적 엄마의 마당과 먹을 감던 냇가의 냇물이 그대로 흐르고 있을 테지. 어쩌면 명절에 고모들이 아이들을 업고 학동에 찾아오시면 길을 온종일 헤매셨던 이유와 별반 다르지 않았을 것이다. 밭두둑 옆에 따로 작은 고랑을 만들어서 딸기를 심어 놓으셨다. 아직 익지도 않았는데 그것을 따서 내 입속에 넣어 주시고는 '빨갛게 익었으면 더 맛있을 텐데.' 하고 아쉬워하셨다. 어쩌면 농사 이외에 엄마라는 사람 말고 개인이 심고 싶고 먹고 싶었던 최고의 외도가 이 작은 딸기밭에 있었던 듯하다.

거기 계셨으면 좋겠습니다

해 질 녘 때가 되면
영운아
보리밥 상 건네주는
그곳에
거기에 계셨으면 좋겠습니다

특별한 날이 아니어도

발길 옮겨 닿는

그곳에

거기에 계셨으면 좋겠습니다

행복이 넘쳐흐를 때

눈물을 흘리고 싶을 때

그 작은 가슴 속에 안길 수 있는

그곳에

거기에 계셨으면 좋겠습니다

16

엄마는 말씀하셨다. 정직하라고, 아프게 하지 말라고, 짱짱하라고. 이렇게 늘 말하시고 떠나는 누나를 보면서 빠르게도 눈물을 훔쳐 내셨다. 산골에서 하루하루 농사일에 지치고 간신히 가족들을 챙겨 내느라 정신이 없더라도 떠나는 자식에게 물질적으로나 정신적으로 채워 주지 못하는 부모들의 마음. 내가 어떻게 헤아릴 수가 있을까.

엄마는 바보였다

부시도록 희었다
그놈들
쓰다듬고 토닥임도 망설였다
그놈들
자꾸 바라보지도 못하였다

그놈들 닮을까 봐서
바다 보이도록
퍼내고 퍼내도 부족했다
엄마는
지금 너희들은
무엇을 바라보고 있을까
너희들은 엄마처럼
바보가 되지는 말아라

엄마가 하늘 동네에서 아래 첫 동네로 시집갔을 때 외할머니의 심정을 엄마는 누나를 보내며 느끼시는 듯했다. 세상을 살아감에 있어 학습으로 알게 되는 것이 있고 누군가 가르쳐 주어야만 알게 되는 것이 있다. 더불어 세월의 흐름에 따라 본인이 직접 겪어야만 알게 되는 것도 있는가 보다.

아시나요

꽃망울이 눈 뜰 무렵
찰랑이는 소녀의
고운 머릿결을

아시나요

꽃향기 메아리가

소녀의 발자국 따라서 노래를 부를 때

노인은 무릎으로 한숨 쉰다는 것을

아실 거예요

촌 노인의 무릎 우는 소리 찾아서

봄이 온다는 것을

  석이는 부모님께 허락받고 쌀과 반찬, 훈련에 필요한 준비물을 한껏 챙겼다. 나는 부모님께 말하면 돌아올 대답이 그림처럼 그려져 말하지도 못한 채 출처조차 사기로 덮인 얼마 안 되는 용돈을 엄마에게서 건졌다. 우리 엄마는 출처가 불분명하고 사기로 덮인 용돈의 행방을 알면서도 모르는 척하시고 계시지만 절대로 나를 이기려 하지 않으셨다. 짐작하건대 세상의 모든 엄마는 우리 엄마와 크게 다르지 않을 터다. 아무것도 준비할 수 없을 줄 알았는데 누나 덕분에 약간의 위안이 되었다. 들뜬 마음을 보자기에 가득 담아 넣고 우리의 격전지이자 꿈이 꿈틀대는 출발점이기도 한 독천으로 향했다. 날씨가 덥고 등줄기에는 땀이 흘렀다. 에어컨이 고장 난 건지 아니면 연료 소비를 최소화하려는 버스 기사님의 마음인 건지 모르겠지만, 창 너머의 풍경들은 깨끗하고 아름다웠다. 그걸 따라 우리 마음속에는 희망이라는 단어가 하늘 높이 떠 자신을 과시하는 태양보다 강렬하게 요동치고 있었다.

17

 여기는 독천의 바닷가. 해변의 모래밭에서 신발을 벗어 던진 채로 꼬맹이들처럼 바닷물에 풍덩 뛰어들었다. 쓰나미가 밀려 들어오듯 흥분의 도가니는 우리도 모르는 사이에 가벼이 빠져나왔다. 그리고 뜨거운 햇살 아래 나란히 앉았다. 각자만의 생각에 빠진 건지 오래도록 바다만 바라보며 멍을 때렸다. 그러자 세상은 아무도 없는 것처럼 고요해졌다.

 나는 다소 엉뚱한 생각을 하는 중이었다. 야망, 욕망, 사랑. 커다란 삶의 방식들이 보편타당함이 되어서 대부분의 청년과 함께 젊음의 도로에서 바쁜 걸음으로 헐떡였다. 옳은 길이 힘들고 어렵다던 과거 어른들의 방식이 오롯하게 묻었을지도 모른다. 아마도 듬성듬성 백발이 머리를 정벌해 나갈 때쯤, 나도 그런 생활의 반복이었지 않나 느낄지도 모르는 일이다. 계절의 반복에 투덜대고 여름엔 겨울이 좋았고 봄가을엔 더위와 추위를 미리 투덜대겠다. 구름 낀 하늘도, 먹구름이 개인 들판도, 눈 덮인 산들과 얼어붙은 냇가,

피어나고 지는 꽃들의 행위도, 찌든 삶의 무게에 엎어져 코를 빵빵 고는 아버지의 무거운 뒤통수도, 당연하지 않은 어머니의 희생까지. 스치듯 지나치며 인생의 의미 따위를 주변 사람들보다 빠르게 낚아채는 연습만 무한히 반복하며 살아가는 건 아닌지.

마음이란

새싹이 눈뜨길래
봄이 왔냐고 물었더니
풀벌레가 마른 배를 잡고
아직 안 왔다네

개구리가 알을 감싸길래
봄이냐고 물었더니
물이 아직 차갑다네

산새가 메아리를 치길래
봄이냐고 물었더니
열매가 아직 멀었다네

달콤한 바람
노란 옷의 개나리

외투 벗은 아가씨

음악이 춤추는데

봄은 삭제되고

가을이 슬그머니 변태처럼 오고 나서야

봄이었다는 것을 알게 될까

나에게 봄은 아직 오지 못했지만

우리의 봄은 잊지 않고

찾아온다네

    만약에 내가 결혼해서 아이들이 생긴다면 우리처럼 많은 것을 지나쳐 살아가지 않기만을 바랄 따름이다. 인생살이 경중을 저울에 올려 보기라도 할 수 있도록 잔소리를 가장하여 전달해도 누구를 꼭 빼닮았는지 귓가를 스쳐 보내느라 분주하지는 않을지.

    괜한 생각들로 시커멓게 타는 줄도 모를 만큼 멍 때리는 시간이 조금 길었던 모양이다. 등줄기에서 땀방울이 빙그르르 쏟아짐을 알게 된 순간, 다시 물과 한 몸이 되길 자처했다. 물속, 물 밖을 가리지 않고 한바탕 놀고 난 후, 한 번도 펼치지 않았던 텐트까지 어찌어찌하여 완성하였다. 하늘의 수두룩한 별이 우리와 함께 서로의 모습을 꼼꼼히도 살피고 있었다. 별들도 우리도 궁금한 게 많은 모양이었다. 오늘은 첫날이라 이렇게 보내고 가져온 소주와 막걸리를 잔에 연거푸 담았다. 내일을 말하고 미래를 적셨다. 그것마저 넘쳐 물고기들과 깜빡이는 별들에까지 인정을 충분히 베풀어 주고서야 밤이 끝났다. 잠들지 않는 반짝임을 뒤로하고 술 냄새 진동하는 빳빳한 등짝에 서로 기대어 눈을 감았다.

술잔과 벗

올려다보면
두둥실 떠다니며
실눈 속에 가려진 눈동자로
술잔을 헤매고 있는
까무잡잡한 구름이
가득 채워 줄 거다

시간을 보면
힘을 잃고 빛바랜 한낮이
허리를 조아리고
찾아오는 술의 시간을 기뻐하지

굽어진 허리를 붙잡고
술병을 허벅지에 매단 채
뜀박질 준비를 마쳤다

진수성찬 천하만사 필요 없지

뚜껑 열린 술병과

일렁이는 술잔과

잔인한 미소를 가진

마주 보는 벗과 함께한다면

별빛이 술잔에 넘쳐서 흐른다

18

오늘도 채옥이는 현실이 아닌 곳에서만 파도처럼 내게 웃어 주겠지. 여지없이 꿈속에서만 내 곁에 있다. 친구들이 수업을 들을 때, 채옥이와 나는 신재교 다리 아래에서 담소를 나누었다. 선생님 이야기부터 친구들의 연애 이야기, 우리의 내일과 미래에 대한 모호한 공식까지. 사랑스러운 그녀의 손을 맞잡고 회색빛 둑길을 따라 황홀한 마음으로 걸었다. 반짝이는 눈동자에는 따사로운 햇살이 앉아 있었다. 마주 보는 낯 위로 꽃잎이 흩날렸고 햇살의 따스함을 시샘하는지 바람이 그 향기를 미약하게 덜어 갔다.

여름 바다

한여름 바다여
노을빛은 푸른 물결 도화지 위에
고운 빛 풀어 놓고

두근거리는 파도만이

내 맘처럼 일렁이지

한 번이라도

단 한 번만이라도

움직거리는 물결처럼

쉬엄쉬엄 다가와 준다면

백사장 모래알을

모두 헤어 낼 수도 있을 텐데

그대 한여름 바다여

    그렇게 하루가 끝난 줄로만 알았다. 꿈나라에서의 달콤한 시간이 얼마 되지도 않았는데 자연물의 소리가 아닌, 알 수 없는 소음이 텐트 밖을 나뒹굴었다. 그렇게 허무하게 현실로 강제 복귀해서 빼꼼 바깥을 내다보니 우리 또래 같은 녀석들이 눈에 들어왔다. 손에는 쇠 파이프며 대나무 통이며. 어떤 놈은 논에서 쓰는 쇠스랑을 메고 있었다. 몇몇은 당황해 떨리는 손을 감추기도 했다. 아뿔싸! 바닷가에는 드센 꼴통들이 많다는 것을 소문으로 들었는데 그런 놈들이 여기 온 듯싶었다. 잠결이었으나 놀라지 않은 양 우리 둘은 나란히 밖으로 걸음을 했다. 녀석들은 우리의 육중하고 당당한 모습에 적잖이 놀란 듯 뒷걸음치며 어찌할 바 몰라 했다. 정신을 가다듬고 주위를 살펴보니 무슨 무협 영화에서나 펼쳐지는 풍경처럼 360도 둘러싸여 있었다.

19

 녀석들은 무슨 전장에 나가는 무사들처럼 열댓 놈이 중무장한 상태였다. 마치 어린아이들이 일부러 눈에다 힘을 세우고 안면 근육을 일그러뜨려 쏘아보는 것처럼. 그들 중 1명이 경건한 목소리로 한마디 던졌다.
 "느그들 어디서 왔어!"
 일단 머릿속이 복잡했지만, 현저히 적은 쪽수와 구겨진 면상에 우리는 공손함을 표했다.
 "강진에서 왔습니다."
 얌전한 태도에서 안심되었는지 상대편에서 다시 입을 열었다.
 "누구 허락받고 왔어!"
 '대한민국 땅에 허락받고 가야 하는 곳이 있냐, 이놈들아!' 하고 외쳐 보고 싶었으나 그럴 처지가 못 되었다. 결국 우리는 저쪽의 우두머리처럼 보이는 녀석의 집으로 끌려갔다.
 나름 여기서 있는 집 아이인지, 아니면 이 지역이 어업으로 소득을 벌어서 유통이 원활한 곳이라 그런지는 모르겠다. 우두머리의 집에는 녹음기부터 TV, 비디오까지 있었다. 어쨌든 우리는 잘못한 것도 없는데 허락 없이 온 죄로 무릎 꿇은 채 중국 무술 영화 한 편을 끝까지 보고 가라고 했다. 비디오를 틀기 전에 잠깐 뉴스가 나왔는데, 노태우 대통령이 연설하는 화면과 동시에 올림픽 내용이 쉴 새 없이 토해지고 있었다. 사실 정치는 관심이 없는 나였지만, 전두환에서 노태우로 이어지는 정권은 내게도 참 답답한 상황처럼 여겨졌다.

한때 로마에서는 검투사를 통하여 또 다른 검투사의 죽음에 열광했다. 현실을 가릴 이슈가 필요한 거였다. 왕이 자신의 탐욕을 백성들로부터 가리기 위한 통치 수단으로 말이다. 열광은 왕의 탐욕과 불완전한 정치를 온전히 가렸다. 그 누구도 희생된 검투사를 기억해 주지 않았다. 로마의 열광은 지금 본다면 여론 몰이와도 같다. 여론은 곧 정치의 힘이 되었다. 정당한 여론은 당연하나, 검은 안경에 가려진 여론은 여론이라고 말할 수 없다. 여론을 쟁취하기 위해 언론을 자처하며 수많은 가면이 난립했다. 그건 백성들의 눈과 입들을 현혹하여 어두운 안경이 씌워 주었다. 그에 백성들은 모든 게 가려진 줄도 모르고 끌려다녔다. 검은 안경에 가려진 백성들은 제 살과 미래 세대들의 꿈과 희망들이 찢어지는 것도 모른 채 검투사를 신격화했으며 그들의 죽음에 환희했다. 그렇게 죽어 나간 검투사가 몇 명인가? 죽은 검투사의 숫자가 많아질수록 사람들의 광열은 손 쓸 틈 없이 퍼져 나갔다. 검투사를 만들어 낸 사람은 신의 위치에 자리를 잡았다. 오늘도 이슈에 이슈를 낳아 머리통이 삐걱삐걱 굴러가는 소리가 들린다. 이슈는 잠깐이지만 미래는 긴 시간을 제자리 또는 뒷걸음질로 화답할 게 뻔했다.

늙은 어부의 미소

고요하고 그늘진 너울
주름진 어부의 검은 미소
열두 개의 까칠한 손가락
입술은 따사로운 듯
한순간의 투명 망토를
연거푸 토해 내고
물고기 무리를 덜컥 가둔다

가여운 물고기들은
투명 망토 상자 속에
영혼을 꺼운 채로
늙은 어부가 정해 놓은 곳으로
지느러미를 펄떡거린다

여기저기서 우글우글

바로 옆 망토 속 물고기들에게
비린내 나는 손가락으로
뭍으로, 뭍으로
천국이 거기에 있다고
난리법석이다

늙은 어부가 미소 짓는다

그래도
맑은 물은 여전히 흐르고
공갈 젖꼭지를 아가미에 매달아
어린 물고기들이 노닌다

    나에게 주는 벌인지 예우해 주는 건지 알 수 없는 이상한 논리였지만, 따를 수밖에 없었다. 비디오를 보는 둥 마는 둥 TV로 시선을 던졌다. 중국 액션 영화의 제목은 기억에 없다. 고쳐서 말하면 제목이며 내용이며 눈에 들어오지 않았다는 뜻이다. 날아다니며 칼춤 추고 신체 전체적으로 문신한 연기자들의 고뇌만 느껴질 뿐, 별다른 내용도 없는 영화였다. 솔직히 살아서 나가기만을 고대하기만 했다. 두 다리가 저려 왔다. 그렇다고 아픈 다리를 아프다고 말할 처지도 아니었고 자존심에 허락받을 수도 없지 않은가. 방은 썩 크지 않아서 똘마니들이 모두 앉을 수는 없었다. 마치 보초를 서는 것처럼 보이기도 했지만, 위화감을 노린 건지 일부러 막대기를 탕 탕거리기도 하고 문밖에 있는 대여섯 놈은 안면 근육 만들기에 여념이 없었다. 그렇게 두어 시간을 영화와 낯이 일그러진 문밖의 똘마니들에게 쏟았다. 나중에 비디오와의 의식이 마무리되고 우두머리가 입을 열었다. 그래도 다른 녀석들과 다르게 놈은 다소 말에 무게가 있고 야무지게 생겨 의젓해 보였다. 그래서 저런 바보들이 잘 따르는 건가 싶었다.

20

알코올 담은 호스는
용맹을 자라게 한다
용맹한 그날을 보냈을 적
괜스레 세월만 서럽게 찾았다

"뒤도 돌아보지 말고 집으로 가라잉."
"예, 알겠습니다."
우두머리가 말하자마자 우리는 조심스레 입을 연 뒤 텐트가 있는 곳으로 뛰었다. 뛰면서 그곳을 바라보니 뭔가 허전했다. 그야말로 아무것도 없었다. 장소를 잘못 알았나 하고 꼼꼼히 살펴도 분명 여기가 틀림이 없었다. 살아서 귀환하였으나 텐트도, 하나밖에 없는 야구 방망이도, 글러브와 버너 코펠까지 아무것도 없었다. 두어 시간 동안 큰 파도가 덮쳤었나 보다. 하지만 뻔한 일이다. 그놈들이 모두 챙겨 갔겠다. 이제야 비디오 한 편을 보고 가라는 의미를 알 것 같았다. 양아치들…. 허무하고 허망한 무사 귀환이었다. 다시 가서 달라고 하면 사후 귀환일 터다. 그 밤에 꿈속 채옥이와 아직 즐거운 시간도 다 채우지 못했는데. 맨정신에 빈손으로 늘어진 어깨를 붙잡고 강진으로 걸어갈 수밖에…. 얄밉게도 밝은 달이 웃고 계신다. 얄미운 달 주변에는 우리가 일반적으로 보기 어려운 양떼구름이 달을 보호하듯 빽빽하게 줄지어 서 있었다.

시골에서는 양을 볼 수가 없다. 집집마다 비슷한 염소, 토끼 몇 마리씩을 키우면서도 아이들이 책임지고 길러야 하는 의무를 씌울 뿐, 양은 넓은 평원이 존재하는 몽골이나 스위스, 이런 외국에서 방목해 키우는 모습을 미디어나 사진 속에서 확인만 했다. 도대체 우리나라에는 별로 존재하지 않는 동물의 이름을 가져와 굳이 양떼구름이라 표현하는지 알 수가 없지만, 그 표현을 공감할 수 있기에 통용되는 것 같다. 미디어의 힘은 참으로 대단한 듯하다. 내 눈에는 부추 골 밭에 엄마가 심어 놓고 수확기에 탐스럽게 벌어져 온통 하얗게 펼쳐진 목화솜 열매처럼 보이는데 말이다. 엄마를 따라 밭에 가서 배가 고프면 설익은 목화 꽃잎 똑똑 따 먹으면 달콤하고 배부르고 맛있었는데. 한여름 밤에 힘이 풀려 버린 두 다리를 붙잡은 채 걷는 나 자신이 왜 또렷한지. 주변에 외양간도 안 보이는데 소똥 냄새는 왜 콧속에서 맴도는지. 열 받게도 풀 냄새, 농약 냄새는 왜 이렇게도 익숙하게 다가오는지. 부아가 치밀어 올랐다. 이 별것 아닌 현상들이 짜증이라는 이름으로 내 몸뚱어리에서 일어났다. 차라리 여자도 아니지만, 한 달에 한 번 찾아오는 생리 현상 날이었다면 좋았을 터다. 한 번도 생각해 보지 않았던 여성들의 고충을 조금은 알 듯하다는 공감이 일었다. 힘을 잃은 밤바람도 따끔하게 머리통에 꿀밤을 먹였다. 아프다는 말을 밖으로 보내려 해도 이미 입술은 가출한 상태였다.

휴식

현실을 아는 까닭에
생각에 현실을 맞추고
현실을 달래려
음악을 듣고
그도 부족하여 마약 같은
알코올을 마시며
스스로를 달랜다고 사기 치며
이 밤을
끝도 없이 낭비하고 있어
분명
현실을 외면할 수 없어
내일은 분명 정신없이
현실을 좇게 될 거야
친구들아
긁혔으면 반창고를 찾고

지쳤다면 휴식을 찾자

만약 휴식이 저기 있다면

우리를 찾아 보렴

힘을 낼 필요는 없어

그냥

의지할 우리가 있다는 것을

잊지는 마

  해가 뜰 때까지 오래도록 걸어 본 적은 그때가 처음이자 마지막이겠다. 그렇게 우리의 전지훈련은 하루도 채우지 못했다. 그 뒤로 자취방에서 며칠을 보낸 다음 약속된 테스트 일정에 맞춰서 순천으로 향했다. 우리 촌놈들 눈에는 빛나는 광경이었다. 처음 밟아 보는 인조 잔디, 더그아웃, 베이스, 담장 등. TV에서나 봤던 야구장이 바로 여기에 있었다. 자갈밭 운동장에서 막대기로 금을 긋고 동그라미로 그린 베이스, 담장 없는 홈런 존. 운동장을 사용할 수 없을 때는 논에서 경기했다. 그러니 분명 이곳은 천국이 맞았다.

  석이와 나는 순천에서 무사히 테스트를 마쳤고 이후 야구 기본기 없던 우리가 합격했다. 던지기를 90미터에 달리기 12초였던가. 여하튼 기본 운동 능력이 탁월하다며 기본기 훈련과 몇 가지만 잘 다듬는다면 좋은 선수가 될 수 있겠다고 말씀하셨다. 그러므로 학교 전학 문제, 동계 훈련에 필요한 것들과 기본 장비 등 준비할 게 많다고도 덧붙이셨다. 코치님과 감독님은 향후 대책을 설계해야 한다는 이유로 부모님을 모셔 오라고 하셨다. 우리의 학교생활 중에 제일 거북스러웠던 그 말, 바로 부모님을 모셔 오라는 말이었다. 그건 우리에게 트라우마처럼 느껴지기도 했으니. 그러나 현재를 나아갈 유일한 해결책이었기에 그 공포를 극복해야만 했다.

21

합격했다는 기쁨에 집으로 돌아가는 동안 우리는 둥둥 뜨는 마음을 어찌할 수가 없었다. 괜히 버스 안의 승객들이 나에게 환호와 축하의 박수를 보내는 듯한 환상 속에서 한참 갇혀서 상상에 상상을 더했다. 그때만큼은 채옥이도 까마득히 잊어버린 채 생각나지를 않았다. 정말 아름다운 세상이었다.

봄이 오는 길

한겨울 함박눈을
펑펑 뿌려 놓았어

봄빛 아침 햇살이
깨끗이 쓸어 담아
저 하늘에 하얀 징검다리를

커커이 놓았어

파란 새싹이
깡충깡충
뛰면서 다가와

 나는 주체할 수 없는 기쁨과 함께 당당하게 아버지께 말씀드렸다. 그 말을 들은 아버지는 잠시 조용히 생각에 잠기시는가 싶더니만 가느다란 목소리로 입술을 달싹이셨다.
 "우리 아들이 합격해 부렸응게 가 봐야제에."
 무슨 생각을 어떻게 하셨을까? 자식의 미래와 직면한 현실? 빈 논밭과 빚까지 유산으로 상속하셨던 할아버지에 대한 원망? 수만 가지 것들이 의식 어디선가 망설임을 재촉하진 않았을지. 그 짧은 시간 왔다 갔다 하셨으리라.
 작년 겨울 흰 눈이 펑펑 내리는 날, 작천고등학교 친구들 여럿이 모여 커피 내기 팀전 당구를 쳤다. 재연이와 나는 한편이 되어 눈에 불을 붙였다. 내기 당구는 인정머리를 지워야만 했다. 오로지 승리만이 우리의 가난한 주머니를 해방에 이르게 할 수 있을 뿐이었다. 상대는 승문이와 광연이. 평소에는 발끝에도 미치지 못하는 놈들이라 가지고 놀 수 있겠다 싶었다. 아니면 어떤 이유로 주머니가 두둑해서 간이 부은 걸 수도 있고. 우리는 500점, 승문이네는 350점. 초구는 광연이가 멋지게 쳐 내고 우리 둘은 히죽댔다.

그러나 생각 외로 광연이의 당구공이 잘 맞았고, 승문이도 뭔 일인지 컨디션이 좋았다. 조바심과 불안함이 엄숙했으나 심기일전하고 정신을 가다듬었다. 두 눈도 치켜뜨고 정성껏 큐를 뻗으면 삐끗했고 잘 쳤다 싶으면 영 좋지 않게 굴렀다. 당구공이 살짝 떨어져 있으면 미끄럽게 빠져나가기까지. 미치고 환장할 노릇이었다. 상상할 수 없는 일이 결국 일어나고 말았다. 질 수도 없고 져서도 안 되던 가난할 때, 산산조각으로 경기에서 깨지고 말았다. 그렇게 둘 다 빈털터리가 됐다. 모닥불이 머리카락 위에서 태풍과 편을 먹고 활활 타올라 머리통이 뜨겁게 달궈졌다. 벌게진 얼굴로 술집으로 향하던 길에 얼어 있던 바닥이 예고도 없이 나를 꽉 붙잡은 탓에 길바닥과 찐한 뽀뽀를 하고 말았다. 기어코 양쪽 입술에 피가 났다. 부들부들 떨리는 두 손을 입술 양쪽에 붙여 두고 압박했다. 이럴 때를 열 받았다고 말하는 거겠지. 그렇게 외상술과 함께 작당했다. 당구장의 파친코가 동전 더미에 눌려 배가 터질 지경이라지? 좀 전에 보니까 바보 같은 형들이 질 수밖에 없는 게임에 계속 동전 넣는 걸 포착했다. 당구장 주인은 오후 9시가 지나면 닭처럼 꾸벅꾸벅 졸다가 이내 벼락같은 코골이로 당구장 방에 머리를 뉘었다. 배불뚝이 주인이 절대로 거스르지 못하는 정확한 일과였다. 오후 9시 30분이 되면 완전히 시체가 되어 버린다. 그때를 잘 이용해 30kg쯤 되는 파친코 기계를 들고 근처 국민학교 으슥한 곳에서 눈을 치워 거꾸로 뒤집으면 되었다. 짤랑이는 동전이 후두둑 떨어져 내렸다.

눈이 쏟아져 덮이기 전에 우리 둘은 잠바부터 시작해서 걸치고 있는 옷 주머니에 동전을 쑤셔 넣었다. 딱히 갈 데가 없어 재연이의 90cc 오토바이로 학동 집에 향했다. 도로에 쌓인 캐시밀론이 이불 역할을 해 주어 비탈길을 무사히 넘어올 수 있었다. 바닥은 하얗고 하늘은 숯처럼 거뭇했다. 바람은 차가웠으나 오토바이 머플러에서 나는 따뜻한 연기와 집에 무사히 도착했다. 작은 방에 터를 잡고 동전을 세고 있는데, 갑작스레 동생 연숙이가 들어왔다.

"오빠, 이것이 뭐야?"

그 물음에 대답도 않고 동전을 셌다. 198,300원. 모두 100원짜리였다. 잠시 후 엄마까지 가세했다.

"느그들 돈 어디서 났어."

놀란 엄마의 목소리가 귓가를 파고들었다. 그새를 못 참고 연숙이가 엄마에게 일러바친 것이었다. 엄마에게는 재연이 돼지 저금통을 개봉했다고 둘러댔다. 갸우뚱거리기는 했지만 그게 맞겠지 하는 눈치였고, 여우 같은 연숙이는 계속해서 의심의 눈을 보냈다. 우리는 동전을 어떻게 지폐로 바꿀까를 고민하다가 게임의 패배 때문인지 도둑질로 인한 힘 빠짐인지 뒤에는 세상 모르게 잠이 들었다.

다음 날, 다재다능하고 뺀질뺀질한 성격의 소유자 승호를 만나 상황 설명을 하니 그가 대뜸 자기가 광주에 가서 바꿔 오겠다고 선언했다. 대도시 은행에서는 아무렇지 않게 바꿀 수가 있다는 것이었다. 시골은 동전을 한꺼번에 많이 바꾸는 경우 동네에서 다 알

테니까. 승호는 그날로 광주에서인지 나주에서인지 빳빳한 1만 원짜리 지폐를 가지고 왔다. 이른 오후쯤에 승호가 바꿔 온 지폐로 성전면 내에서 석이랑 만나 우리 넷은 행복한 시간을 보내고 있었다. 갑자기 주머니가 묵직해진 탓에 우리는 배려 수준으로 당구도 대충 치고, 친구 형이 하는 고깃집에서 맛난 음식으로 배도 채웠다. 늘 그렇게 생각해 왔듯이 배려 같은 행동은 본인의 주머니 무게에서 나올 수 있다는 게 내 머릿속 어딘가에 심겨 있던 듯했다.

해가 질 무렵 재연이 엄마, 우리 아버지, 당구장 주인, 경찰관 2명이 와서는 당구장에 있던 우리를 데리고 경찰서로 갔다. 놀란 눈의 아버지, 떨고 있는 재연이 엄마. 차분한 사람은 우리 둘뿐이었다. 그날 당구장 손님들을 모두 추적해서 거처가 애매한 재연이를 알아냈고, 나와 같이 있다는 사실을 알고서는 확신한 듯 다그쳤다. 그리고 막내 연숙이의 고자질도 한몫했고. 자백하지 않을 수가 없었다. 며칠 지나서 안 사실이지만, 당구장 주인이 30만 원가량을 도난당했다고 말하니 재연이 엄마가 바로 갚아 주었다. 그에 더 달라고 하는 것을 우리 형이 당구장에 파친코는 불법이라고 따져 물어 일단락되었다. 우리가 정확하게 알고 있는 금액은 20만 원 안 되었는데 당구장 주인은 벌써 10만 원을 사기 쳤다. 그럼에도 우리의 말 무게는 고작해야 닭 깃털보다 가벼워졌음을 아는 까닭에 찌그러져 있을 수밖에. 돈은 재연이 엄마가 다 갚아 주었으나 아버지께 반반씩 내기로 했다며 15만 원을 더 받아서 둘이 즐거운 시간을 오래도록 만끽할 수 있었다.

우리 학교 한 달 월사금이 85,000원이었다. 그도 엄마가 간신히 마련해 주셨는데 철없던 나는 가끔 아랫삼거리 천사 할머니네서 친구들이랑 막걸리 먹느라 월사금을 쓴 적도 있었다. 그러니 15만 원이나 되는 큰돈을 얼마나 의미 없이 투하하고 다녔는지. 나는 나쁜 아들이었다. 놀랐을 부모님, 큰돈 15만 원. 아버지는 간신히 빌려서 내주셨을 텐데. 나는 생각 없는 바보였다. 창자도 비어 있을 내가 지금 아버지 마음을, 망설일 수밖에 없는 부모 심정을 어찌 헤아릴 수 있을까. 나는 부모님들이 무엇을 생각하고 계시는지에 대하여 관심이 없었다. 눈앞의 흥분으로 나만 생각하는 거만한 로봇처럼 들떠 있는 미련한 반푼이가 되어 있었다.

며칠 후 예쁘게 정장을 차려입고서 화장한 재연이 엄마와 장에 갈 때마다 챙겨 입으시는 특급 옷을 걸친 아버지하고 완행버스에 몸을 실은 채 순천으로 향했다. 우리 아버지는 동네에서 인기가 많으셨다. 작은 몸집에 부지런하시고 가끔은 엄마에게 삐지기도 하시지만, 그래도 투덜거리지 않는 것처럼 보이려 노력하시고 살뜰히 엄마를 챙겨 주셨다. 보는 이웃 눈이 많다고 하던가. 없는 집 장남에게 시집와서 죽도록 고생만 한다고도 했었다. 모를 것 같지만 동네 사람들, 특히 아낙네들은 다 알고 있어서 아버지가 지나가시면 꼭 불러서 소주 한잔 따라 주셨다.

아버지의 소

뿌사리* 시앙치** 못 낳는다고 팔아 불고
암놈 하나 외양간에서
답답하게 꼬리로 파리 잡네
여물통보다 큰 한양 양반 욕심에
평리 떡네 영암 떡네
문지방 닳아 불게
뿌사리 꼬리 들추는데

치달리는 시앙치는 기별 없고
막내가 먼저 나왔다네
시앙치야 시앙치야
암놈으로 나오니라
한양 양반 속 터진다

한양 양반 욕심 먹고
막내가 꿈을 꾼다

* '황소'의 전라도 방언
** '송아지'의 전라도 방언

그 덕에 동네 엄마들은 우리 형제들을 참 예뻐해 주신다. 원래 우리 집 식구들이 예쁘고 잘생긴 편이지만, 동네 아이들이 어른들 몰래 탈출해서 놀고 싶으면 꼭 우리 집 형제들 핑계를 대기도 했다. 어쩌다가 마을 사람들 소풍 가면 다른 엄마들이 아버지하고 같이 사진 찍고 싶어서 팔목을 잡아끌기도 해 엄마가 삐지신 적도 있었단다.

22

아빠 수고했어!
그 한마디 들으려고
일찍 눈을 떴는지도 몰라

동네 아버지들의 왜곡된 남성성에 대한 동네 아낙들의 표현 방식을 우리 아버지가 귀감이 되어 가르침을 주고자 하는 무언의 방법이었을지도 모르겠다. 그리고 아버지는 소문난 정직왕이시다. 한때 마을 이장님께서 농약 장부를 잃어버린 적이 있으셨다. 농약 장부는 마을 사람들의 농약 외상 거래 장부다. 그래서 이장님이 한 집 한 집 찾아가 양심껏 외상으로 농약을 가져간 내역을 체크하고 다시 작성해야 했었다. 나중에야 잃어버린 줄 알았던 장부를 찾게 되었는데 본인이 농약을 가져갔다고 말한 것과 찾은 장부에 적혀 있던 내용이 같은 사람은 아버지뿐이셨다고. 이장님이 고마워서 연신 절을 하시고는 며칠 뒤에 돼지고기 두어 근을 사다 주신 적도 있었다. 그 일로 인해 이장님의 아버지에 대한 신뢰는 이만저만이 아니셨다. 그런 자잘한 것들을 모르는 양 마을 사람들은 표현하지 않고 살아갔으나 실은 전부 다 알고 있을 터다.

  아버지는 한참을 감독님과 이야기를 나누셨고 어깨를 부축하며 완행버스에 다시 몸을 실었다. 석이네는 순천에 볼일이 있다면서 우리더러 먼저 가라고 했다.

아버지의 종착지

혼자가 되어 보고 싶어졌지
몽상가를 불러도 보고
쓸 데가 없어진 꿈도 꾸어 보고
친구들이 하나둘 모여
여행을 하지
중독된 마약처럼 말이지

이 중독에서 탈출해야지
현실로 계속 현실로

눈치를 살펴야 하고
가식으로 점철된 근엄과 완벽을
보여야 하지

일정한 시간에 눈뜨고 베개도 놓아야지

목적지가 아버지인 사람들

현실은 벗어나지 않아야 할
지정된 삶이지
그렇게 누런 하늘을
파랗다고 말하지

   순천에서 집으로 가려면 버스를 서너 번 갈아타고서 4시간 정도 소요가 된다. 정거장마다 버스가 5분, 10분 정도 기다렸다가 손님들을 태운다. 멀리서 학생복을 입은 친구들이 수다 떨며 뛰어오기도 하고 술에 취한 어른들이 아낙네의 부축을 받아 차에 오르기도 했다. 닭들과 강아지, 토끼들도 훌륭한 손님이다. 다만 버스에서 다리 꼬아 가며 독한 담배를 빨아 젖히는 행위를 자제해 주었으면 하는 바람이었지만, 누구 하나 당사자에게 말할 정도로 용기 있진 않았다. 이렇게 고요한 난리는 이고 온 짐들을 정리하는 데에 효과적인 시간을 주었다.

23

각 정거장 옆에는 작은 상점이 있었다. 담배를 까치로도 팔고 막걸리도 잔술도 팔았다. 아버지는 정류장마다 잔술을 한두 잔씩, 담배도 한두 개비씩 태우면서 다시 버스에 오르고는 하셨다. 우리 집은 4남 3녀로 큰형님은 가정 형편상 국민학교 졸업만 하였는데 형 이야기를 들어 보면 마을 친구들 대부분이 중학교는 엄두도 못 낼 그런 시기였다고 했다. 둘째 형은 중학교를 졸업했고, 큰누나는 딸이라는 이유로 국민학교 졸업 후 조금 있다가 객지로 떠났다. 작은누나는 학교에 다니는 것보다 나무와 쇠꼴 베는 게 더 좋다면서 스스로 국민학교 중퇴라는 상장을 받아 왔었다. 둘째 형은 가까운 고등학교라도 보내 달라고 아버지께 울며불며 사정했지만, 결국 고등학교 진학을 포기하고 돈을 찾아 서울에 반강제로 상경해야만 했다. 셋째 형은 영암에서 고등학교를 졸업했다. 둘째 형과 셋째 형은 너무나도 잘생겨서 어디서든 유명했다. 둘째 형과 나는 나이 차이가 너무 나서 시골에서의 기억은 거의 없었으나 셋째 형은 국민학교 때부터 연애편지가 잔뜩 넘쳐 났다. 중학교 때 나는 학교 누나들의 공짜 배달부였다. 부모님은 불공평했다. 한두 번도 아니고 윤운이 형은 나보다 2년 선배인데, 학년 올라갈 때마다 선생님들은 나에게 '네가 윤운이 동생이냐?'라고 묻는 일이 다반사였다. 마치 내가 윤운이 동생인 데에 의문이 드는 듯한 묘한 표정을 보는 것도 이제는 익숙해질 정도였다. 그러나 마음 한편에는 형과의 외모 비교에 익숙해지기보다 항상 원망하기에 바빴다. 나도 형들처럼 조금이라도 더 잘생겼더라면 채옥이에게 관심 밖의 인간이 아닐 수도 있었을 게다. 막내는 올해 중학교 3학년이었다. 이렇듯 우리 7남매를 키워 내면서 얼마나 많은 땀과 아쉬움, 미안함, 서러움이 반복되었을지. 짐작은 하고 있었지만, 엄마 아버지의 마음속을 들여다보는 건 어려웠다. 그러나 나는 이곳에서 속 썩이는 철부지 아들놈이었다.

　엄마 아버지의 삶은 행복이 무엇인지, '나'라는 존재가 있는지, 삶의 질이 무엇인지 가늠할 필요가 없었다. 단지 현실에 주어진 짐들과 아이들, 할아버지 그리고 몇 년 전에 돌아가신 할머니에 대한 의무만이 존재할 뿐이다.

　버스 안은 사람들로 북적거렸고 물건을 관리하는 상인들의 말소리가 아우성처럼 울려 퍼졌다. 이런 상황에서도 아버지는 오로지 버스 차창 밖에다가 두 눈을 고정해 두시고는 안쪽은 관심조차 주지 않으셨다. 고요히 창문 밖에 꺼내 놓은 두 눈에 바람이 부딪혔다. 시릴 텐데도 아랑곳하지 않으시던 아버지는 무정하게 지나쳐 버리는 풍경을 바라보시는지 그대로 얼어 버리셨다. 장님처럼 아무것도 보지 못하고 계시는 건지는 알 수 없었지만, 술 냄새 나는 길고 서글픈 한숨이 아버지 앞에 덩그러니 서 있는 것처럼 보였다. 궁핍한 살림에도, 그 작은 체격에도 아버지는 늘 나에게 큰 분이셨다. 어두워서 바깥일을 할 수 없을 때면 안방에 짚 더미를 가져다가 밤에는 새끼를 꼬았고, 다른 날에는 작은 방에서 엄마와 함께 늦게까지 가마니를 짜셨다. 행복한 웃음을 우리에게 선물처럼 보내시면서.

아침 일찍 일어나 외양간 소똥 돼지우리 바닥을 쇠스랑 포크로 치우신 뒤, 아침 밥상에 앉아 밥 한술 뜨시는 순간 냄새난다는 자식들의 아우성에도 아랑곳하지 않으셨다. 어쩌다가 맛난 게 생기면 우리 손에 올려 주시고는 좋아서 아이처럼 깔깔댔다. 빚으로 묶어서 할아버지에게 물려받은 유산을 다 갚으실 때까지 나에게 그 흔한 삽 일부러 쥐게 한 적이 없었다. 생각이 꼬리를 물어 얼마나 지났을까, 이제 마지막 버스를 갈아타면 집에 도착한다.

24

오늘은 영암 장날이다. 장터에서 버스 정류장으로 이어지는 도로에는 물건을 빠르게 팔고 가는 장꾼들과 아직 다 팔지 못한 장꾼들이 비쳤다. 그들은 정류장으로 향하는 사람들에게 "떨이, 떨이!"라고 외치면서 바짓가랑이를 잡았다. 그러나 대부분 그 자리를 삽시에 벗어나려 고무신에 불을 붙였다. 막차를 타려는 사람들 때문에 정류장 주변은 전쟁터처럼 질서가 무너졌다. 무슨 댁, 누구 댁 하며 태고를 부르짖으며 사람들이 몰렸다. 태고는 보통 결혼한 여자의 태어난 고향을 일컫는 이름으로, 우리 엄마 태고는 한양댁이다. 당연히 아버지의 태고는 한양 양반이다. 보통 고향이 같아 같은 태고가 이중으로 겹치면 성씨의 본관 또는 마을 이름 외 구분하기 쉬운 말로 지어지기도 한다고 들었다. 그래서 엄마는 한양 조씨 즉, 한양댁인데 듣기에 따라 한양 떡이 되었다. 나는 중학교까지도 한양 떡 또는 평리 떡 이렇게 들려서 그런 줄로만 알고 지냈었다. 이제 장날을 마친 사람들을 가득 태운 마지막 학동행 완행버스에 올라타야 아버지와 나의 종착지에 도착할 것이다.

> 나는 너희가 가진 것을
> 갖고 있지 않아
> 그러나 나는 너희가 할 수 없는 것을
> 할 수도 있어

아버지는 막걸리를 한 잔 더 하시고는 힘을 잃은 목소리로 간신히 나에게 말씀하셨다. 이미 아버지의 상태는 막걸리에 절반 정도 점령당하신 듯했다. 순천에서 출발해 버스 차창 너머로 현실과 내 미래의 경계를 놓고 의논을 이미 마치신 듯 확신하기 싫은 결론에 다다르셨나 보다. 항상 당당하셨던 아버지가 그렇게 작은 목소리로 말씀하셨던 건 처음이었고 아버지의 넘쳐흐르는 눈물을 본 것도 처음이었다. 그런 눈물이 코에서도 흘러서 입가를 끈적하게 적시더니 지금은 굳어서 말씀하실 때마다 윗입술과 아랫입술이 붙어서 말을 뱉어낼 때마다 파르르 떨리기까지 했다. 이내 눈물이 바닥으로 똑똑 떨어졌다. 장날 마지막 버스인 터라 동네 사람들도 많았다.

미안하다고, 50만 원이 있어야 한다고. 그리고 다달이 그 돈이 들어가야 한다고. 그렇게 말씀하시면서 세상을 잃은 듯 자신에 대한 원망과 부모로서 역할을 못 하는 한심한 사람이라고 비통해하는 모습이 나와 주변의 사람들에게까지도 전달이 되어 버렸다. 계속 말씀을 이어 가셨으나 나는 도저히 알아들을 수가 없었다.

25

부들부들 떨고 계신 데다 입술만 움직여서 웅웅 소리만 들렸다. 그러고는 소변이 마려우신지 비틀거리며 이미 만석에다 서 있는 사람들까지 타고 있던 마지막 버스에 다가가서 바퀴에다 질펀하게 오줌을 누셨다. 바지 지퍼도 못 올리셨는데 아마 지퍼에 손이 갈 새가 없던 게 아니었을지. 흐르는 눈물 콧물, 입가에 끈적하게도 달라붙어 있는 고통을 떼어 내기에는 아버지가 너무나도 작으셨다.

작고 굽은 아버지의 등, 흙물 들어선 까맣고 두꺼운 손톱과 손등, 바늘처럼 가늘어져 가는 두 다리에는 슬픔이 가득했다. 그런데 이상하게도 그런 아버지의 모습이 창피하지가 않았다. 가끔 말썽을 부려 엄마가 일터에서 입는 듯한 옷을 입고, 지긋한 주름을 칠한 채 학교에 불려 와 경비 아저씨를 선생님으로 착각하셔서는 싹싹 빈 적이 있었다. 그때는 창피해서 화장실 칸막이에 기대 숨고 또 숨었었다.

온몸으로 젖어 버린 아버지를 업고서 안타까운 듯 쳐다보는 사람들을 비집는데, 동네 사람들이 얼른 아버지를 눕히라며 거들었다. 그에 마지막 버스에 올라타 끄트머리 한편에서 장꾼들의 짐과 함께 눕혀졌다. 너무나 가여웠다. 아버지가. 가슴은 오르락내리락 불규칙적 호흡을 했지만, 시체처럼 누워 계시는 아버지를 보던 나는 덜컥 겁이 났다. 그래도 동네 엄마들의 자상한 손길에 따스한 온기를 알게 되는 순간이기도 했다. 날이 깜깜해지고서야 군내 버스는 학동 정류장에 도착했다. 엄마들은 보따리가 하나둘, 많게는 셋인 사람들도 있었으나 그것들을 버스에 내려놓고는 마지막으로 등에 업힌 아버지를 같이 부축해 주셔서 안전하게 집으로 돌아올 수 있었다. 엄마는 이런 상황이 일어날 줄을 짐작하고 계셨는지 안방에다 아버지를 눕히시고는 평리 댁네로 모습을 감추셨다.

이제야 알 것 같았다. 자본주의에서 자본의 역할을. 돈이 기쁨과 슬픔, 환희와 고통 등 인간의 감정 및 삶의 영위를 위한 필수 항목 중 제일 높은 정점에 자리 잡고 있다는 것을. 자본이 감정을, 대인관계를, 선의를, 정의로운 일까지도 자본이 바탕이어야만 함을. 이제는 내가 나의 미래를 기획하고 무엇을 위하여 어떠한 행동으로 어떻게 살아남아야 하는지 대충 틀이 잡힌 듯도 했다. 중고등학교를 허투루 보낸 시간을 되돌릴 수는 없었다. 우리 집 가정 형편도 이번 기회에 확실히 알아 버렸다. 당장 내가 가진 자본에 버금가는 것은 딱 한 가지뿐이었다. 바로 건강. 그리고 좋은 힘. 부모님이 주신 그 하나가 내게는 최고의 자본이자 나만의 밑천인 게 분명했다.

창문을 열어

창문 너머로 눈보라 춤추길래
찬 바람에 손 내밀까
떨고 누운 등불 재우고서
숨죽인 채 지낸 날이 얼마였나
물기 잃은 눈동자로
실눈 뜨며 창틈으로 내다보니
언제였나
새싹이 미소 짓는 아침 들녘

슬그머니 빗장 밀쳐 내고
한 걸음 내디뎌 보니
신발 위에 누워 있던 빈 먼지가
맞아 주는 햇살 바람에
마음 비틀어 춤을 춘다
그 그리움을 왜 몰랐을까

두리둥실 온 동네를
유람하던 홀씨도
기둥 세워 지붕 놓던
날이 엊그제인데

오늘 아침 찬 바람에 서리 내렸구나
다시 문을 닫고
파릇한 등불 재촉하여
시름시름 재워야 하나

팔도강산 숨 가쁘게 누벼 본들
여기 하나만 못 하였다
정성 들여 예쁜 화초 살피어도
그 꽃잎은 어찌 이리 더디게 피나

며칠 지난 뒤, 석이도 야구부 입단을 포기했다고 했다. 둘이 아닌 혼자서 경험 많은 친구들과 처음부터 시작하기엔 분명히 두렵기도 했을 터였다.

26

간신히 고등학교를 졸업하고 미리 준비된 인생의 여정처럼 새로운 세상으로 자연스럽게 밀려 나왔다.

모순

우리는 부자가 될 거야
자유를 포기했으니
우리는 건강해질 거야
음식에 무례할 수 있으니
우리는 현명해질 거야
감정을 외면할 수 있으니
좋은 사람 만날 거야
나보다 바보는 없을 테니
농부가 손뼉 치는 빗물이

나만 피해 가길

얻는 것과 잃는 것은
옳고 그름이 아님을

　이전까지의 삶은 순서에 따라 국민학교, 중학교, 고등학교 이렇게 거스를 수 없는 단계로 진행되었다. 그러나 이제부터는 순서가 정해져 있는 게 아니라 그 순서를 누군가에게 조언을 받든지 아니면 따라서 하든지 본인의 선택이 되었다. 사회생활을 하는 어른들은 내게 주어진 이 시간을 직접 체험하고 성공과 실패의 맛을 본 적이 있을 터다. 그렇게 후회도 하고 성취감도 느껴 가며 성장했겠다. 그러니 이제 첫발을 내딛는 내게 얼마나 입 열고 싶었을지.
　일단 대한민국의 남자로 태어나면 피하고 싶지만 절대로 피해지지 않는 군대 문제를 해결하고 어찌 살지 궁리해 보라는 형님들의 조언. 공부에 최선을 다하지 못했으니, 기술을 먼저 배워 실력을 키워 놓으면 돈은 알아서 모인다는 아재들. 타인에게 모진 행동하지 말고 부모님께 효도하며 좋은 사람 만나서 살면 된다는 늙은 사람들.
　재연이는 일찌감치 군대를 갔다. 그러나 나는 군대가 왜 이렇게 가기가 싫은지. 군대를 안 가려고 2년을 개겨 보기로 했다. 혹시 그 사이 남과 북이 통일이라도 되어 정말 가지 않아도 될지 모르는 일이었다. 아무튼 좋은 조언이라고 말해 주는 사람들은 많았으나 현재 내 상태는 전반적으로 차단막이 견고했다. 내 머릿속에는 오로지 돈 벌 궁리만 꽉꽉 채워져 있었다. 더불어 한 구석에는 시골에서 동경만 했던 피부 하얗고 세련되며 예쁜 도시 여자들을 사귀어 보고 싶은 간절함도 있었다. 일단 서울에 올라가서 큰형님이 운영하는 레스토랑에서 서빙해 가며 주방일을 배우고자 했다. 그렇게 돈을 모아 작은 가게를 차려 차근차근 더욱 큰일을 해 보고 싶었다. 이는 많은 자영업자의 성공 가도가 시작되는 가장 일반적인 루트이기도 했으니.

큰형 가게는 독산동에 있었다. 무수하진 않지만, 그래도 유동 인구가 제법 있는 곳이었다. 나와 같은 지방 사람들이 꿈을 안고 상경해 어색한 억양들이 혼합되어 있었다. 그럼에도 다양한 방법으로 그 언어들을 잘 알아들을 수 있었다. 이는 전라도 사람들이 꽤 거주하고 있는 동네였기에 가능했다. 큰형도 가게를 개업한지 얼마 되지 않아 돈이 없는 상황이었다. 그래서 좁고 허름한 방 두 칸짜리를 월세로 조카들 2명에 나를 포함하여 모두 5명이 살았다. 손님이 박터지지는 않았으나 음식과 술안주값에 마진율이 좋아 유지되는 듯 보였지만, 종업원인 내가 정확히 알 수 없는 노릇이었다.

낮에는 식사하거나 차를 마시는 젊은 층이, 밤에는 술을 마시며 여자를 꼬셔 보려는 삼촌 또래의 아저씨 손님들이 잦았다. 지루한 시간이 계속될 것 같았지만 그럴 때마다 심심하지 않게 일이 생기기도 했다. 아침마다 찾아오는 내 또래 여자애들이 있는데 예쁘고 귀엽기도 했으나 이 친구들은 새하얀 서울 여자들 아닌가! 어느덧 그들과 친구처럼 가짜 오빠 동생이 되어 가고 있었다. 현희, 승아,

효선이. 이 친구들은 부모님으로부터 용돈 타서 음료를 마셨다. 돈이 넉넉하지 않아 셋이 오면 어떨 땐 한 잔만 시켜 둔 채로 같이 놀기도 했다. 나중에는 현희라는 친구와 가볍게 사귀게 되었다. 쉬는 날이면 다른 레스토랑에 가서 차도 마시고 술도 마시면서 찐한 애정 행각을 서슴없이 나누기도 했었다. 그러면 레스토랑 손님들 모두가 일어나서 환호인지 야유인지 분간하기 어려운 큰소리를 치기도 했다. 그게 창피해서 얼른 자리를 피해야만 했던 적도 여러 번 있었다. 어쩌겠는가. 취기가 오르면 저도 모르게 본능을 따르게 되는 것을. 만약 이곳이 시골이었다면 나는 현희와 결혼해야 했을지도 모르겠다고 생각했다. 그러다 보니 가게 일에 소홀하게 되면서 형에게 참 많이도 혼쭐났다. 3명 중에 승아는 연예인처럼 예쁘게 생겨서 낮에는 단골이 된 또래 남자아이들이 승아를 보려고 바글바글했다. 젊은 친구들이라 돈이 없어 음료수 몇 잔 시켜 놓고 승아와 눈 한 번 맞춰 보려고 노력하는 모습들이 가여울 정도였다. 이러니 승아와 그 친구들은 이제 큰형님의 보석이 되어 버렸다. 나중에 3명에게는 음료를 무료로 제공했다. 그렇게 1년 몇 개월이 더 지나면서 그들의 소식이 뜸해졌다. 현희에게 간신히 연락이 닿아서 왜 안 오냐고 물어보니, 본인과 효선이는 부모님께 붙잡혀서 밖에도 못 다니는 상태란다. 승아는 나랏일 하는 높은, 아주 많이 높은 사람의 현지처처럼 살게 되었다고. 그 사람이 누구인지조차 절대로 알려 주지 않아 연락도 거의 할 수 없다고 전해 왔다.

    돈을 모아 다음 단계로 나아가겠다는 생각은 온데간데없어지고 그 친구들과의 즐거움에 취해서 허송세월을 보내고 있을 즈음, 사촌 형제이자 친구인 남희와 동희 소식이 들려왔다. 내 아명은 혹희였다. 어렸을 적 아버지 3형제가 학동 마을에서 비슷한 시기에 우리를 낳았다. 그래서 각 이름 끝에 '희' 돌림자를 넣어 형제라는 증명서를 붙여 놓으신 거다. 나는 귀밑에 작은 혹이 있어서 혹희라는 아명을 쓰고 호적에는 영운이라는 이름을 올리셨다. 여하튼 마을 사람들에게 나는 혹희이다. 나이는 같고 두 달 형이지만, 친구인 셋째 작은집 사촌 남희, 큰집은 나. 그리고 1살 적지만 생일이 빨라서 나와 3개월 차이 나는 둘째 작은집 사촌 동희. 이렇게 우리는 어려서 학동 마을 3형제로 통하며 학교를 같이 다녔었다. 국민학교 때는 선생님들이 항상 같은 반에 배정해 주셨다. 형제간 우애가 그렇게 좋을 수가 없다나 어쩐다나.

  어릴 적 우리 3형제 이발은 남희 아버지, 그러니까 셋째 작은아버지가 잘라 주셨는데 작은아버지는 군대 근무 중 이발병이었다고. 그런데 작은아버지는 남희의 머리는 정상적으로 잘라 주셨으면서 동희와 내게는 공짜로 해 주지 않으셨다. 빡빡이 머리가 시골 촌놈들 대부분의 스타일이라 우리 또한 마찬가지였다. 작은아버지는 우리의 머리를 다 밀지 않고 정수리 위에 긴 머리를 남겨 두셨다. 거기를 손가락으로 잡고서는 이리저리 흔드시며 즐거워하셨다. 그에 우리는 울면서 나머지를 얼른 다 잘라 달라고 애원했다. 그 모습이 재미있으셨는지 한참 후에나 흥미를 잃으시면 그제야 마저 잘라 주셨다. 그래서 우리는 머리가 길어져 이발해야 할 때가 되면 이발소에서 깎게 해 달라고 아버지에게 보채기도 했었다.

화가 나게도 남희네 윗집에 사는 영주 형은 그 모습을 보면서 우리를 놀려댔다. 형은 예쁜 춘미 누나에게 잘 보이려고 참 눈꼴사나운 행동들도 많이 했었다. 커다란 가마솥에 감자나 고구마를 삶으면 춘미 누나는 그걸 알아서 잘 꺼내 갔다. 나중에 평상에서 노는 우리에게 가져다주기도 했는데 그럴 때마다 옆에 딱 달라붙어 누나가 뭔 일도 못 하게 만들었다. 능글거리는 꼴이 미간을 찌푸리게 했다. 어쨌든 우리가 보기에는 우스운 광경이었으며 동시에 밉상처럼 보이기도 했다.

그리고 중학교 2학년 때였던가? 가물가물한 기억이었다. 동희 아버지는 술고래에다가 술만 드시면 상냥하던 분이 180도 다른 사람으로 변신하여 온 동네를 들썩이게 만들었다. "대옥아! 대옥아!" 외쳐대면서 동네 전체를 활기에 빠뜨렸다. 대옥이는 우리 아버지다. 본명은 이가에 성자, 언자이신데 아버지 또한 아명이 대옥이셨다. 작은아버지에겐 바로 위 형이다. 좌우지간 동희 아버지의 소란은 매일 일상이 되었으나 작은집 동희네는 매일 아버지 동선을 파악하여 술병을 감추는 게 일상이 되어 버렸다. 그리고 어떤 날, 식구들이 마당 한편 평상에 둘러앉아 두런두런 이야기꽃을 피워 내고 있을 때였다. 집 앞과 마주한 윤산 너머로 식구들은 빛나는 별들의 숫자를 헤아리며 북두칠성, 카시오페아 위치를 토론했다. 나는 아래쪽 짚 더미에다 불을 붙이고 활활 타면 갓 베어 온 생쑥 더미를 덮어 놓았다. 이러면 모기를 쫓아내는 하얗고 몽실몽실

한 연기 꽃, 모깃불이 피워졌다.

지금 생각해 보면 참 꿈같은 풍경이었다. 식구들과 한여름 밤을 행복하게 보내고 있을 때 나는 보았다. 하늘에서 도깨비불 정도의 불덩이가 동희네 꾸리 감나무 아래로 떨어지는 것을. 어린 나는 무서운 마음에 정말 도깨비가 나타난 줄로만 알고 엄마 품속에서 벌벌 떨었다. 그리고 얼마 후 동희가 집으로 헐레벌떡 뛰어와 할아버지에게 작은아버지가 숨을 쉬지 않는다고 울며불며 소리쳤다. 동희가 가장이 되는 순간이었다. 작은아버지가 그 순간 생을 마감하셨다. 작은아버지를 보내고도 동희네 집이나 우리 동네에는 예전 같지 않은 평화가 쏟아졌지만, 내가 보기에는 동희도 은숙이 누나도 갑자기 성숙한 어른 향기를 내뿜는 듯했다. 내가 더더욱 아이가 되어 버린 것처럼 느껴지기도 했다. 시간이 갈수록 작은엄마의 행동이 심상치가 않아졌다. 마치 피해 의식을 한 아름 짊어지고 사는 것처럼. 다른 사람들에게는 별것 아닌 일들을 작은엄마는 동희 아버지가 없으니 나를 무시하냐며 이해할 수 없는 움직임을 보였다. 동희는 아버지가 안 계신다는 것보다 작은엄마가 이상하게 변해 가는 게 더욱 감당하기 어려웠던 듯했다. 그것을 들키지 않으려 숨기는 게 내 눈에는 선명했다. 어찌 되었든 남희가 먼저, 그다음 동희가 입대했다. 이젠 내 차례였다. 더 이상 미룰 수만은 없었다. 남북통일은 물 건너간 것도 같았고.

27

포병 연대를 제대하고 다시 세상으로 돌아왔다. 형 가게에서 잠깐 있으며 미래의 직업을 조립해야겠다고 생각했다. 그래서 군에 있으면서 곰곰 머리 굴려 도출된 사업 구상안을 펼쳐 보았다. 그건 바로 아파트나 연립 빌라에 주차된 차들을 씻어 주는 일이었다. 신청서를 받아 퇴근 후 밤 11시부터 다음 날 3시까지 간단하게 세차해 주는 사업이었다. 머릿속에서만 그린 일을 밖으로 꺼내 실행해야겠다고 마음을 굳혔다. 이후 A4용지에 일일이 손 글씨로 광고지를 만들었는데, 가만 생각해 보니 처음 시작하는 일이라 고객들의 감정을 작게나마 흔들면 훨씬 효과적일 듯해 스스로 나를 가짜 대학생으로 변신시켰다. 그렇게 격변의 시대를 헤쳐서 나아가는 여린 학생이 되어 사람들의 감정에 호소하기로 했다.

자연으로

자연스럽기가
쉽지 않다는 말
누군가가 알려 주지
않았을까요

척하는 가식을
모가지에 매달고
산 넘고 개울 넘어
껑충껑충했지요

자연에서
자연히 돌아섰어요

주름진 검지 끝에
빛나는 나침반을
놓아야겠어요

    이것이 내 인생 최대의 실수가 될 줄은 짐작조차 못 한 채 말이다. 내 내면의 바탕에 위배된다는 것을 알았지만, 어떤 일을 시작함에 내면이나 바탕 따위는 생각에서 배제되는 것들로만 치부했다. 그리하여 나는 경희대 법학과 학생으로 변신했다. 아르바이트를 해야만 한다고 광고지에 새겨 넣어 차량 와이퍼 사이에다 손수 쓴 광고지를 꽂아 두는 방식으로 밤마다 부푼 기대를 안고 광고지를 배포하였다.

    타고난 내 체력은 의심할 필요 없이 부모님께 물려받은 아주 커다란 유산이었다. 나의 영업 전략이 정확히 맞아떨어졌다. 세차 주문은 점점 늘어나서 얼마 되지 않아 혼자서는 도저히 감당할 수 없을 정도로 부풀었다. 새벽 4시쯤 잠을 자고 오전 9시에 일어나 오전 10시부터 형 가게에서 일을 시작했다. 가게 일을 마친 밤 10시부터 세차 준비해서 밤 11시부터 청소가 진행됐다. 정말이지 눈코 뜰 새 없는 일과지만 즐거웠다. 불과 한 달 하고 보름 만에 세차해야 할 차가 50대가 넘어갔고, 주문은 꾸준히 넘치게 들어왔다. 이제는 사람을 구할 때가 왔다. 저녁 7시쯤 어떤 손님이 맥주 2병과 과일 안주를 주문하고서 나를 찾았다. 혼자 온 손님들은 보통 맥주에다 마른안주를 시켜 기분 좋게 마시고 가는 게 보통인데. 이분은 혼자 비싼 과일 안주를 시켜 드셔서 조금 의아하다 싶기는 했으나 능력 있는 사람이라면 그럴 수도 있겠다 싶었다. 본인의 기호는 자유니까! 단정하게 정장을 입고 검은 안경을 쓴 외관이었다. 자상한 모습이지만 잘생기지는 않았고 약간 마른 체형에 키는 나보다 조금 작아 보이는, 공부 잘했을 것 같은 그런 사람처럼 보였다. 혹시나 하고 공손하게 테이블 앞쪽에 서서 무슨 일 있으시냐고 물었다. 그 사람은 마치 나를 존경하는 듯한 눈빛으로 말을 건네왔다. 어려운 환경에서도 미래를 위해 열심히 사는 내가 부럽고 또 멋진 사람 같다면서. 더불어 내게 도움을 주는 사람이 되고 싶다고 첨언했다. 필요한 것, 하고 싶은 것이 있다면 자기가 방법을 찾아 줄 수도 있을 것 같다고. 본인도 어려운 환경 속에 힘들게 배움을 마쳤었다고 덧붙였다. 그래서 자기도 많은 생각을 해 볼 수 있는 계기가 되었다고. 실은 본인이 나의 세차 고객이고 학교 선배라고 했다. 교수님 이름을 대면서 지금도 근무 중이신데 잘 알지 않으냐며. 본인은 법원에서 근무 중이고 내 전단지를 보고서는 정말 어떤 방법으로든 돕고 싶다고 했다. 이래서 사소한 거짓말도 절대 해서는 안 되었다. 거짓은 거짓을 낳고 나중에는 감당하기 어려울 만큼 거대하게 부풀어 버린다.

이 얼마나 주변에서 찾아보기 어려운 사람인가! 비슷한 사람은 많지만 실제로 이분처럼 행동으로 옮기는 사람들은 정말로 몇 안 될 거다. 죄의식에 사로잡힌 사기꾼을 도와주려는 이가 내 앞에 앉아 있지만, 그것과 별개로 창피함이 몰려왔다. 약자에게 손을 내밀 줄 아는 사람, 그러나 법원에서 근무한다고 했기에 순간 겁이 나기도 했다. 어떻게 할 생각이 전혀 나지 않았다. 진실을 고백해야만 했다. 괜찮은 사람에게 실망이라는 단어로 세상을 의심하게 만들어서는 안 되었다. 더불어 나 같은 나쁜 사람으로부터 보호해 주어야 한다는 책임감이 생기기도 했고. 이런 분은 사라지면 세상이 큰 손실을 맞이할 것도 같았다.

전단지에 적힌 대학생 이야기는 전부 거짓이고, 이런 행동을 한 연유는 많은 이가 세차를 해도 이왕이면 학생을 돕는다고 생각하게끔 만들려던 나의 그릇된 영업 전략이었음을 밝혔다. 이렇게 좋은 분을 속여 정말 죄송하다고 무릎을 꿇더라도 빌고 또 빌었다. 그분은 괜찮다며 나쁜 짓을 한 것도 아니고 사회생활 경험 부족으로 야기된 것이라 도닥여 주었다. 누구나 그렇게 생각하고 그럴 수 있다고 말해 주기는 했지만, 나는 내 얇은 생각과 행동에 화도 나고 나 자신에게 실망이 컸다.

그날로 나는 휴식을 갖기로 했다. 금전과 올바른 사고방식, 나눔과 배려가 겸비되어야 비로소 성공이라는 단어가 완성되는 것 같았다. 금전 하나만 가지고 그 크기에 따라 성공이니 실패이니 하는 단어로 쓰여서는 안 되었다. 그저 부를 축적하였을 뿐, 그 외의 바탕이 부실화된 부는 언제는 무너질 모래성과 같다고. 나 이외의 사람들과 같이 비에 젖지 않도록 비 오는 날 우산이 되면서 부를 축적하는 삶. 바람 불면 바람막이가 되면서 같이 걷는 삶. 눈 내리는 날 빗자루가 되어 타인의 안전을 위해 눈길을 쓸어 주는 삶. 그저 돈을 지켜 내야 하는 문지기의 삶을 살다가 생이 깎이며 소멸이 될 수도, 무엇도 아닌 자아를 상실한 채 생이 정리될 수도 있는 노릇이다. 돈을 열심히 많이 벌면 아주 좋지만, 반칙하지 않으면서 벌어야 한다는 것을 실감했다.

봄 소리

겨울이 하얀 이부자리를 폈다
연둣빛 새싹 하나가
이부자리를 걷어차기 시작했다

28

 시골에서 3개월이 지나가도록 휴식을 보내는 동안에 큰형 가게를 윤운이 형이 봐 주었고, 얼굴값 하는 형 덕분에 주변의 통일 방직에 근무하는 아가씨들은 점심때마다 큰형 가게에서 경쟁하듯 돈가스를 먹어 치웠다. 막내 연숙이는 고등학교 졸업 후 상경하여 둘째 형 집에서 살았다. 둘째 형은 잘생긴 외모만큼이나 사람들에게 신뢰가 두터워 어느 회장님의 차를 운행하면서 개인 비서와도 같은 일을 하고 있었다. 그 회장이라는 분은 둘째 형 말고는 다른 사람과는 같이 일을 할 수가 없다나 어쩐다나. 그러나 그것은 다른 사람들 눈에 보이는 신뢰였다. 우리 가족 눈에는 짜증 날 만큼 고지식했고, 보는 눈이 중요한 사람이라 형식적인 행동이 중요시되어 우리는 답답한 정도를 넘어서 피하고 싶어지는 정도였으니.
 조선 시대 사람처럼 가부장적이고 남과 여의 역할 또는 행동 방식이 구시대에 찌들어 있었다. 그러니 막내에게는 어쩌면 빠져나오고 싶겠지만, 사정상 어찌할 도리가 없는 형편이니 참 고달팠을 것이다. 그리고 소 힘줄과도 같은 똥고집이 머리부터 발끝까지 마치 갑옷을 입고 있는 장수들처럼 단정히도 덮인 사람이었다. 옷 입는 것부터 친구들을 만나는 것, 집에 들어오는 시간 등. 이 모든 일을 간섭하고 일일이 따져 물으니. 이를 감사하고 기쁘게 받아들이는 청춘은 아마도 없을 터다. 어쩌면 형님 주변의 여자 사람들을 편향된 눈으로 봐 왔기에 어린 막내를 본인이 만들어 놓고 보호해야겠다고 생각한 모양이었다. 그러니 막내는 오죽했으랴.

행복 만들기

행복의 꽃을 피우기 위해서는
입을 조심하여야 하지
그 입을 통하여 나오는 것은
가슴으로부터
머리를 지나서
여린 혀의 떨림으로
자신의 본질을
멜로디처럼 눈과 함께 내려

아름다운 꽃이
꼭 좋은 향기만을
주는 것이 아니듯

그대 고운 입술이

솜털처럼 보드랍다가도

아이처럼 순수하지는 못하더라

그래도

꼭 보여 주고 싶다면

그대 입술을 가려야 한다

행복의 꽃을 피우기 위해서는

작아지기도 해야지

 자세히는 모르겠으나 들은 이야기로는 둘째 형 친구 중 1명이 잘살았다고 했다. 그 집에 자주 놀러 갔든지 일이 있어서 갔든지, 아니면 둘째 형만의 다른 계산이 깔려 있었든지 자주 드나들고는 했다고. 그 친구 여동생이 둘째 형이 좋아서 형 자취방을 정리해 주는 날이 많았는데, 별로 관심 없던 둘째 형은 보통 모진 말로 응수했다. 그럼에도 여동생의 의지는 꺾지 못했고 우렁 각시 생활은 당연하다는 듯 오래 지속되었다고. 그렇게 친구 동생에게 조금씩 정이 들기 시작해 결국 지금의 형수님이 되었다. 그냥 지나간 말로 술 한 잔에 웃으면서 들었던 이야기라 신빙성이 모호하기는 했다. 여하튼 지금의 형수님과 함께 막내는 형님의 깐깐한 성격에 인내하는 삶을 살고 있었다. 형수님은 나만 만나면 맨날 우리 형을 욕하고 뒤통수를 까대지만, 형이 부르면 신난 발걸음으로 촐랑촐랑

뛰어간다.

휴식이 길어지면 '놈팡이'라는 명칭과 함께 고상한 말로는 실업자의 주인이 된다. 계획이 멋들어지게 세워지지는 않았지만, 다시 뭐라도 해야 한다는 것은 변하지 않았다. 부모님께도 더 이상 못난 아들로 보이지 않기 위해서라도. 얼마 전 친구 형인 장현이 형을 삼거리 식당에서 만나 굴을 같이 한 적이 있었다. 장현이 형은 자기 아버지 제사라 시골에 잠깐 내려왔다고 했다. 형은 자신이 하는 일을 조금 과대 포장을 해서 말한 듯한데, 사실인지 아닌지는 잘 모르겠다. 아무튼 장현이 형은 서울에서 좋은 언어로 건축일, 일반적인 언어로 노가다 기술자로 돈을 많이 벌고 있고, 사는 집도 전셋집에 방 2개라고 했다. 27살 강진 촌놈이 서울에서 전세로 산다는 건 노가다 기술자로 돈을 많이 번다는 말이 결코 거짓이 아니라는 방증이기도 하였다. 장현이 형은 우리 윤운이 형 친구이고 내 친구 광현이의 형이자 국민학교, 중학교, 고등학교를 같이 다녔던 친구이기도 했다. 국민학교 시절 광현이네가 시골말로 똥구멍 빨갛도록 가난하여 우리 동네 제각 즉, 제사를 지내 주고 그 제각 문중의 논과 밭을 일구며 제각 옆 작은 집에서 공짜로 몇 년을 살다가 옆 동네 마거니 마을로 이사 갔다. 그러니 광현이네는 우리 집보다 더 가난한 생활을 했고, 그 집 형들 또한 당연히 모두 중졸 이하였다. 광현이부터 동생들은 우리 집과 같이 간신히 고등학교를 졸업했으나 현실에서 벗어날 수 없는 형편이었다. 어찌 되었든 광현이네와 우리 가족은 모두 7남매, 4남 3녀로 같고 큰형부터 막내까지 모두 1대1로 각각이 친구 사이였다. 꼭 닮은 가족 관계라고도 볼 수 있었다. 장현이 형과 술자리를 마친 후, 취한 몸과 마음을 달래기라도 할 겸 1시간 30분이나 걸리는 학동 집까지 걸어가기로 했다.

  1994년 25살. 시골에서 자라 20세가 되어서야 세상 밖을 제대로 구경했다. 잘 정돈되어 있는 도시의 보도 블럭에 넘어져 생채기가 생겼다. 그 상처를 아물게 해 줄 부모님 곁에 와서는 따스한 엄마 품이 너무 좋아 세상 밖을 잠시 잊고 있었나 보다. 엄마 품에 기대 있기엔 나는 이미 25살. 연로하신 그분들이 예전처럼 삽과 호미를 들고 논으로 밭으로 굽은 허리와 절뚝이는 다리를 모시고 가는 모습이 눈 안에 그득 담겼다. 쇠꼬챙이가 되어 버린 어여뻤던 하얀 손등을 이제는 내가 찾아내서 그분들께 되돌려 드려야 하는 때가 작금의 현실이었다. 나에 대한 부모님들의 의무는 삽과 호미라는 도구를 통하여 모두 다 하셨음을 나는 똑똑히 인지해야만 했다. 이제 부모님 품에서 벗어나 세상 어디에나 숨겨져 있는 보물 상자를 찾으러 다시 복잡한 도시로 떠나야 했다. 늦은 밤, 학동으로 걸어가는 내내 독천에서 전지훈련 때처럼 별들만이 톡톡 어깨를 간지럽히며 나를 따라오고 있었다. 저기 수많은 별 중에 가장 크고 예쁜 2개의 별 사이에 다리를 놓아 둔 채로 줄을 매달아 그네를 뛰고 싶었다. 그러면 둥근 달을 맞이할 수 있을 듯했다. 지금 나의 심정과 별반 다르지 않았다.

다른 하늘 하나

어둠이 세상을 덮으니
아름답던 꽃길도
누렇게 흐릿해지고
지나간 날은
밝은 날의 유희였네
이 어둠에서는
스스로 빛을 발하는 것만 남았다네
밝았던 날 허기에 취해
보고 싶은 것만 봤다네
입술에 분칠하고
신선한 공기를 담아 보아도
늘어난 어깨 땅속에 묻힐 것만 같아
향기 밟으며 걷고만 있다네
어둠이 오니 여기에 하늘 하나 더 있었구려

부모님께 인사를 올리고 다시 서울로 상경했다. 큰형 가게와 그리 멀리 떨어져 있지 않은 난곡동의 어느 주택 반지하. 방 하나, 주방 겸 거실이 있는 집에 나와 윤운 형, 막내와 함께 터를 잡았다. 막내는 답답했던지 둘째 형네에서 탈출하고 좁은 우리 틈을 비집고 들어왔다. 당연히 막내는 여자이므로 방에서 지내고 형과 나는 거실 겸 주방에서 잠을 잤다. 화장실은 건물 모퉁이 외진 곳 다른 반지하 사람들과 같이 쓰고 돌아가면서 청소하는 공용이었다. 뒤쪽으로 돌아가야 볼 수 있는 다른 방 사람들은 국민학생 정도로 보이는 어린 여자애 1명과 가끔 보이는 아이 엄마, 아빠는 한 달에 한두 번 목소리만 들릴 뿐 본 적은 없었다. 막내는 강남 쪽에 제과점 점원으로 근무하고 있다는 것만 알 뿐, 자세한 건 몰랐다. 윤운 형은 계속 큰형 가게에서 근무 중이라 늘 취한 상태로 들어왔다. 나는 장현이 형을 따라다니며 건축 미장공을 보조하는 미장 조공을 하면서 미장 기술을 최대한 빨리 배워서 미장 기술자가 되기로 했다. 조공은 일단 3만 원, 기공은 7만 원 정도로 그 값이 책정되어 있었다.

봄나물은 찾지 않기로 했다

고사리에 눈을 돌리니
새싹도 새 꽃도 솔바람도
피어나지 않았다
고사리 욕심만 피어난다

욕심에 욕망이 피어오를 때
세상의 싹은 비켜서 지나가고
지워졌다

이른 봄 고개 든 산나물은

탐욕과 함께 꽃을 신고

사라져 갔다

29

　지저분한 기공들의 뒤치다꺼리를 하면서 힘들게 일하고도 일당은 절반도 안 되었다. 그러나 언제까지 누군가가 가르쳐 주기를 바라며 조공으로 시간을 쓸 수는 없었다. 근무 중엔 죽어라 일하고 쉬는 시간이 끝나면 기공들이 곧바로 일할 수 있도록 최대한 많은 시멘트와 모래를 섞어서 모르타르를 쌓아 두어야만 새참 시간이나 점심 휴식 시간에 배우고 또 익힐 기회가 주어졌다. 익숙하게 일하는 기공들은 조공에게 절대 따로 가르쳐 주지 않았다. 심지어는 여분으로 가지고 다니는 흙 칼이며 미장 공구들을 만지지도 못하게 하는 이가 대부분이다. 정말 악랄할 정도로 기공이 되는 것을 방해해서 자신들의 가치를 지키는 것이다. 기공 인원이 많아질수록 일당 경쟁력이 약해질 수밖에 없다는 그들만의 이유이기도 하다.
　장현이 형은 술을 그렇게 좋아하지 않았다. 그럼에도 술을 사 줘 가면서 가르쳐 달라고 아부 놀이를 매일 했었다. 그 덕분에 남들은 보통 2년 정도 조공을 해야만 미장 흙 칼을 잡을 수 있는데 나는 거의 3개월 만에 흙 칼을 손에 쥘 수 있게 되었다. 그와 동시에 늘어난 나의 술 실력 또한 덤으로 달라붙어서 한동안 뇌를 술에 점령당하기도 했다. 장현이 형과 나는 한 팀으로 근처에 사는 조공 1명을 데리고 용산, 봉천동, 흑석동 등 가 보지 않은 곳이 없을 만큼 무지하게도 다녔다.

  일하면서 힘든 일도 많이 있었지만, 그중 가장 힘이 드는 것은 홀가분해야 하는 퇴근 과정이었다. 샤워한 듯 땀으로 적셔진 데다가 먼지를 뒤집어쓴 채로 일이 끝나면 고양이 세수하는 것처럼 얼굴만 닦아 내고 퇴근했다. 꽉 찬 시내버스 안에는 시멘트와 섞인 나의 땀 냄새로 인해 다른 사람들에게는 화생방 훈련 같지 않았을까. 그 이유를 알던 나는 고개도 돌리지 못하고 붙어 있는 신발만 보다가 집 근처에 도착하면 잽싸게 뛰쳐나갔다. 그런 날이 반복되었다. 마치 내가 나쁜 짓을 하고서 어딘가로 도주하는 사람처럼 말이다. 정작 나쁜 사람들은 당당하고 향기 나는 옷을 입으며 사람들이 가까이하고 싶어서 안달인데도.

보이지 않는 너

저 산이 높고 높아서 돌아서려는데
삼삼오오 도란도란 사뿐사뿐
내려앉은 하얀 씨앗
몰래몰래

도깨비가 방망이를 두드렸나
사방에다 하얀 눈꽃 피워 놓고
나를 잡아 놓네

높고 높은 저 산 위에도
깊고 깊은 골짜기 위에도
하얀 눈꽃 피어 있네

돌아섰던 발등 위에
방울방울 녹아서
촉촉하게 젖어 있네
눈꽃 아래 산이 숨어 있었구나

다시 돌아 만나려니
발길마다 고이 누운
하얀 눈꽃

   차가 필요했다. 표면상 불편을 겪는 시내버스 이용자들을 위해서라고 말했으나 진실은 나의 편의를 위해서였다. 강서 면허 시험장에서 3수 끝에 운전면허증을 손에다 쥐고 희열과 자신에 대한 대견함을 뼈저리게 느꼈다. 다음 날, 바로 중고차 시장에 가서 현대 엑셀이라는 수동 변속기 차와 함께 나의 보금자리 난곡을 향하여 달렸다. 그렇게 콧노래를 부르며 가던 도중, 구로전화국 사거리 언덕길에서 신호가 바뀌어 출발하려 했다. 출발과 동시에 시동이 빈번히 꺼졌다. 이게 반복되니 차들은 길게 늘어질 수밖에 없었다. 그럼에도 내 차는 조금씩 뒤로 밀리기만 할 뿐이었으니. 정말 환장할 노릇이었다. 결국 뒤에 있던 차와 범퍼가 부닥치고 말았다. 이제는 내가 무엇을 하고 있는지, 주변은 어떤 상황인지 도통 알 수가 없었다. 그저 하얀색 천으로 내 눈이 가려진 듯 온통 하얀 공기 흐름만이 가물거릴 뿐이었다. 어찌 차 문을 열고 뒤에 있던 차주에게 다가가서 죄송하다며 넙죽 절을 하는데, 줄줄이 서 있는 차량의 아우성은 나를 용서하지 않겠다는 식으로 들렸다. 다행히 뒤에 차량 주인이 괜찮다며 이제 더 이상 뒤로 밀리지는 않을 테니 안심하고 출발하면 된다고 말해 주었다. 그 사람은 천사였다. 고교 시절 아랫삼거리 천사 할머니처럼.

  간신히 집 주변에 주차하고 막내가 퇴근하기만을 기다렸다. 작년 설날에 막내랑 고속버스를 타고 시골로 향해 가는 도중, 하늘에서 눈이 펑펑 쏟아졌고, 땅에는 그 눈이 밟혀서 길은 빙판으로 변해 버린 채였다. 산과 들에는 발목이 빠질 만큼 눈이 쌓였으며 고속도로는 귀향 차량이 일자로 못이 박힌 듯 옴짝달싹 못 했다. 이에 버스 기사님이 안 되겠다 싶었는지 국도로 우회했으나 거기도 마찬가지였다. 그렇게 10시간 정도를 가다가 멈추기를 반복하면서 전라북도 정읍쯤에서 주춤거리고 있을 무렵, 막내의 얼굴이 하얗게 변했다. 나는 놀라서 어디 아프냐고 물었지만, 막내는 대답을 못 하고 가만히 있다가 도저히 안 되겠는지 내 귀에다가 죽어 가는 목소리로 읊었다. 소변이 마려워 죽겠다고. 주변을 둘러보니 거의 모든 사람의 얼굴색이 막내와 별반 차이가 없었다. 그래서 나는 내 동생을 구해야 한다는 일념으로 통로의 사람들을 비집고 기사님께 큰 소리로 외쳤다. "오줌 좀 싸고 갑시다." 하고 말이다.

사실은 주변 사람들이 비웃을 줄로만 알았는데 그건 아니었다. 그들도 용기가 생겼는지 다들 한목소리로 "그랍시다."라고 소리쳤다. 잠시 후 우리가 타고 있던 커다란 버스는 길가 쪽에 세워졌고, 드디어 해방의 문이 열렸다. 우리 자리는 뒤쪽에 위치해서 앞에 나와 있는 나는 금방 내렸지만, 다른 사람들도 모두 일어나는 통에 내부는 인산인해를 이루었다. 배를 부둥켜안고 팔자걸음으로 신발을 질질 끌던 막내도 추수가 끝난 논으로 향했다. 넓디넓은 논에 장관이 펼쳐졌다. 식구 많은 집 앞마당에서 팔랑팔랑 나부끼는 빨래들처럼 하얀 눈 위에 펼쳐진 버스 승객들의 알록달록한 빨래들과 일괄적인 자세들. 사람들과 시선이 교차가 되든 말든 일차원적인 생리 현상의 분출에는 남과 여, 젊은이와 늙은이 어떠한 구분이 필요 없었다. 대략 50~60명의 승객이 그 큰 논을 집어삼키고 있었다. 아마도 논 주인은 예상하지 못하겠지만, 내년 농사는 풍년을 맞이하게 될 것임은 자명하겠다. 지퍼를 올리고 바지를 까뒤집은 엉덩이들이 제자리를 찾아가고, 잠시 외출했던 정신 줄이 온전하게 돌아오고서야 승객들의 얼굴이 빨갛게 상기되었다. 그들은 서로의 눈을 애써 외면하면서 하나둘 버스에 올라탔다. 거기에는 우리 막내도 함께였다.

설날

넓고 커다란 도로 위를
길게 줄지어 선 빨간 엉덩이들
경쟁하듯 앵앵대며 치달린다
유년기 추억이 고요하게 쌓인 곳
그곳으로 간다

어머니 간절함보다
더 바빠진 발목
흐려진 눈동자를 달래려
쉼터에서도 바쁘게 쉰다
쉼터에도 어머니는 계신다

하늘 구름 위에도 산봉우리 뒤에도
바람 소리는 없다
아름다운 어머니 음성만 가득하다

살금살금 오너라

마당 앞 지팡이에 걸터앉아

내가 오는 길목을 지키고 계시는

작은 키에 작아진 적 없는

가슴을 내미는 어머니

불러 본 적 없는 이름이 새겨진 비석 위로

똑똑

떨어지는 지각생의 눈물방울

 그런 트라우마를 잘 알고 있었기에 내 첫 애마는 당당히 막내를 기다렸다.

30

저 멀리 시내버스에서 폴짝 뛰어내려 주변을 살핀 막내가 집 쪽으로 걸어왔다. 여자들은 도시에서 살아가는 길고양이처럼 본인의 안전을 스스로 지키고자 주변 경계가 몸에 밴 듯했다. 물론 좋은 일이다.

도시 고양이

퇴근길에 방앗간을 들렀다
으레 막걸리 두 병이다
항시 진행되는 일상이지만 오늘은 평소 반갑지 않던 손님께서 내게 잠시나마 생각이란 놈과 친구가 되어 보란다
900원짜리 닭 다리에 막걸리 두 병을 사 편의점 바깥 자리에 앉았다
어디선가 좋아하는 냄새 맡았는지 나비 한 마리가 소리도 없이 다가왔다

그래서 그 작은 닭 다리를 나눠 줄 용기가 생겼다

나는 멋진 놈이니까!

처음엔 조금, 아주 조금 튀김옷만 손에 덜어 내밀었다

나비는 부드럽고 날카로운 발톱으로 내 손을 건들다가 말다가

머릿속이 복잡한 모양이었다

그래서 나는 더 크게 떼어 다시 손을 내밀었다

작다고 삐졌을까 봐서

그랬어도 건들다가 말다가

답답했던지 술에 취한 옆 파라솔 사람이 큼지막한 방부제 섞인 고길 던져 줬다

터덕, 턱

순간 움찔하더니 쳐다도 안 본다

내가 알기로는 청각보다 후각이 발달되었을 텐데

애네들은 맛난 고기보다 생존의 본능이 몸에 배었나 보다

그러고는 바닥에 널브러진 빈 참치 캔을 핥고는 실실 멀어져 간다

경계를 우선해야 더 살 수 있음을 새끼 때부터 스스로 터득한 듯했다

그것을 알기까지 얼마나 많은 시행착오와 동료들의 주검을 보았을까

단순하다고 여겼던 짐승에게서 참는 것을 알아내는 현실이 놀랍다

우리는 어떠할까?

무엇을 위하여 그 많은 것을 안으로 안으로 밀어 넣기만 하는지

한 병 더 먹어야겠다

난 멋진 놈이니까!

 마중 한번 나가 본 적 없는 내가 가벼운 발걸음으로 어깨를 으쓱이며 막내를 향하여 걸었다. 이 계집애는 오빠가 반갑게 모시러 나왔으면 반갑게나 맞아 주지, 반말 찍찍거리며 뭐 하러 나왔냐고 퉁명스럽게 말했다. 그러나 나는 그런 말투마저 소화할 수 있는 비장의 무기를 장착하고 있었다.
 "막내야, 나 차 샀어."
 두 어깨에 매달린 자랑의 날개를 활짝 펼쳐 보이며 흥분된 목소리로 컹컹댔다. 막내는 마지못해 내 눈치를 보더니 기쁜 표정을 지으며 어디에 있느냐고 물었다. 우리가 살고 있는 반지하방 주변에는 골목이 좁기 때문에 집 앞에는 집주인 차만 주차할 수 있었다. 세입자들은 집에서 멀더라도 안전한 곳을 찾아 주차할 수밖에 없었다. 나는 '짠.' 따위의 감탄사와 함께 새로운 발이 되어 줄 애마를 공개했다. 막내는 입을 썰룩대면서 "똥차네." 하며 집으로 걸었다. 나쁜 계집애. 말이라도 좋다고, 잘 샀다고 해 주면 어디가 덧나나.

돈과 사람은 절대로 구걸하는 것이 아니다

 나는 이제 건축 현장을 마음 편하게 이동할 수 있는 수단이 생겼다. 그리하여 조금 먼 지방에서도 일할 수가 있어 추운 겨울, 서울에서는 하지 못하던 일을 날씨 따라 옮겨 가며 했다. 큰 현장, 작은 현장 그리고 일일 단가가 제법 쏠쏠한 곳 등. 골라서 일할 수 있었기에 쉬는 날도 덩달아 줄었다. 사실 작은 현장은 추위와 이어지는 우천 시에는 쉬어야 했기에 한 달 평균 20일 정도 일했다. 건축 노가다 물일, 그러니까 물을 사용하여 공사하는 분야는 노가다 용어로 대마찌. 쉴 수밖에 없는 상황이 많을수록 돈벌이가 줄었다. 그러나 각각 분야에서 실력을 갖췄거나 언변이 뛰어나 그쪽 사람들과 유대 관계가 좋거나 관련 업체와 혈연 지연 등의 특별한 인연이 있는 사람들은 그만큼 대마찌 날을 줄일 수 있었다.

실력, 능력 또는 근면 성실한 사람들보다 항상 위에 존재한다는 줄타기 실존 현상을 온몸으로 체험할 수가 있었다. 규모가 큰 사업장이나 도시 국책 사업은 모르겠다만, 아마 외에는 상상을 초월할 만큼 줄타기가 도처에서 일어나고 있을 터다. 노력하는 자는 백이 있는 자를 절대로 이길 수 없는 이 시스템이 민주주의 그늘 속에서 공존하고 있음이다. 이것을 최소화시켜 올바르게 실천에 옮길 정치인이 진정한 정치인이라고 본다. 아쉽게도 그들 또한 자본주의에서 거주해 돈과 백이 없는 이들은 틈바구니를 어떻게든 헤쳐 나가야만 했다.

또 하나, 이 전부를 초월해 가장 민주주의적인 한 가지 공정한 근무 방법은 반드시 있다. 그것은 바로 약속을 철저하게 지키는 사람, 정해진 날짜에 쉬고 급변하는 현장을 잘 대처하는 사람은 어느 건축 현장에서도 절대 외면받지 않는다. 우리처럼 애당초 아무것도 갖고 있지 않은 무리는 그들의 생존 현장에 매달려 버둥거리기 또는 인연 만들기. 아니면 번개 같은 시대의 흐름을 읽어 미장일과 비슷하지만 약간 다른 재료를 선점해 다시 개시하는 거다. 새로운 것을 앞에 두고 출발한다면 당연 효과적일 터다. 특히나 거친 일을 하는 건축 분야에서는 더욱이. 본인만 생각하고 주변인과 일의 공정 등을 전혀 고려하지 않는 사람들인지라 그렇다. 그뿐만 아니라 지나친 음주나 상습적 도박에 쉽게 노출되어 그러한 유혹에서 벗어나지 못한 이들은 일정을 소화하기도 어려울뿐더러 신용을 잃는다. 월급쟁이가 아닌 일당쟁이인 까닭이다.

바쁠 때는 당장 일하는 현장이 아닌 곳들의 유혹도 도사린다. 일터 두목의 입장에서는 건축업자의 상황이 급변하여 공사 기간이 앞당겨지면 사람이 빠르게 필요하다. 그럼 일당을 많이 부르는 게 다반사인데, 그런 유혹을 뿌리치기란. 지금 같이 일하는 대가리와의 관계가 조금이라도 특별하지 않거나 평소 기공에게 처우를 나쁘게 했던 사람이라면 모두가 망설이지 않고 움직였겠다. 그 외 오로지 돈의 크기로 인하여 움직이는 기공들도 헤아릴 수 없을 만큼 수두룩하다. 금전이라는 목적은 누구나 변하지 않으니까. 그래서 그들은 한 달에도 몇 번씩 현장을 옮겨 다닌다. 이들은 건축 노가다 사람들이 말하길, '메뚜기떼'라고 명명하기도 했다. 그러나 비수기인 한겨울에는 메뚜기떼들이 혈연과 지연으로 밀착된 게 아니라면 필시 걸러졌다. 아마도 가난한 노가다가 되거나 초봄에는 거지처럼 돈의 노예가 되는 게 현실이겠다. 나 또한 예외는 아니었다. 젊다고, 힘이 있다고 나이 드신 기공들이나 조공들을 무시했었다. 나는 일당이 세서 너희와는 격이 다르다는 식으로. 참으로 거만하고 철없는 생각을 행동으로 드러냈었다. 그나마 잠시 정신을 차려 못났던 시간에서 탈출해야겠다 마음먹고, 내 나이 서른이 되기 전에 서서히 빠져나오기 시작했다.

차가 없을 때는 지방 단가 좋은 현장을 가고 싶어도 공구와 짐이 많아서 대중교통으로 선뜻 이동하기가 어려웠다. 하지만 이제는 달랐다. 장현이 형과 나는 이제 어디든지 마음만 먹으면 갈 수 있었다. 작은 반지하방에서 형과 막내, 내가 같이 지내기에는 서로 불편하기도 했으나 결론적으로는 너무나도 좁았다. 그래서 지방으로 눈을 돌렸다. 그 결과, 숙식 해결에 안정적으로 길게 일할 곳을 찾아서 충청남도 태안에 있는 화력 발전소 공사 현장을 간택하였다. 태안 화력 발전소는 기존에 1호기, 2호기 발전소로 구성되어 중국이나 북한의 석탄을 수입해 전기를 만드는 구조인데, 여기에다 3호기, 4호기 2개의 발전소를 더 만들어 전기 발전량을 배가하는 공사가 필요했다. 그렇게 하려면 주변의 구조물뿐만 아니라 부지나 바다 활용 넓이도 잔뜩 확보해야 하는 모양이었다. 이 과정에서 국가는 대략 5천만 원에서 1억 원 사이 보상금을 마을 근처 어부들에게 지급했다. 배 있는 사람 중에 거짓인지 사실인지는 몰라도 가장 많은 보상금을 받은 선주가 20억인가, 40억인가를 받았다고 들었다. 하긴 배 가격이 보통이 아닐 테니. 90년대 후반에는 중국집 주방장 급여가 150만 원 정도이니 장난 아닌 금액처럼 느껴졌다. 자랑삼아 말하는 마을 사람들에게 들었더라도 격이 다른 보상금이 아닌가. 가만 생각해 보니 평생 어부로서 기술과 거기에서 빚어진 희로애락, 그 외에도 말로 다 표현할 수 없는 것들을 맞바꾼 걸 테니. 어쩌면 금전만으로 산출할 문제가 아닐 수도 있겠다.

  그들의 터전과 맞바꾼 이후, 어부들은 무엇을 할 것인가에 대한 고민에 사로잡혔고, 본격적인 발전소 건설이 시작됨에 따라 건설 현장으로 자연스레 모인 듯 보였다. 우리 미장 뒷일 조공으로는 두 분이 오셨다. 50대 후반쯤으로 보이는 한 분과 다른 한 분은 60대 후반쯤으로 짐작이 되었다. 다행히 생초보는 아니고 자주 해 보지는 않았지만, 그래도 일하는 것을 보니 적당히 경험이 있는 듯했다. 그럼, 나이가 몇인데. 이는 곧 경험 아닌가.

31

　우리는 발전소 바로 밖의 조그만 식당에서 운용하는 조립식 주택을 얻었다. 그 식당 이름은 조아식당이었다. 조아식당 바로 옆이 우리 숙소로 쓰였으나 거의 식당 방이라고 해도 어색하지 않을 만큼 발전소 건설 작업자들을 겨냥하여 지어진 듯했다. 그래서 손님은 우리 말고 거의 없다고 보면 되었다. 우리 인원만 20명 정도이니 조아식당 주인의 일거양득일 터다. 아침저녁은 조아식당에서 먹고 점심은 발전소 내 함바식당을 이용했다.

　일을 마친 저녁 숙소는 제각각이었다. 고됐던 하루를 샤워기 물과 함께 흘려보내는 사람, 차례를 기다리다 지쳐 잠든 사람, 그 사이 식당에서 막걸리를 마시며 떠드는 사람 등. 저녁과 같이 술은 인당 1병씩 미장 두목이 허용해 주어 술값은 매일 공짜인 셈이었다. 그래서 술을 잘 못하는 사람들도 밑진다는 생각이 드는지 1병은 꼭 해치웠다. 그럼에도 술을 먹지 못하는 사람이 서너 명은 꼭 있어서 술 좋아하는 사람은 그들의 옆이 가장 명당이었다. 마치 군에 있을 때 일일 1갑씩 개인별로 은하수 담배가 지급되었던 것처럼. 그래서 군대에 있을 때 많은 이가 손해의 억울함에서 벗어나기 위해 담배를 배우고 제대하기도 했다.

그리고 미장 전체를 관리하는 반장이 나보다 3살쯤 많은데, 참 화끈하고 재미있었다. 술 좋아하고 노름도 좋아했으나 센스가 있어 숙소 배정을 참 슬기롭게 잘해 두었다. 방이 4개라 방마다 명칭을 붙였다. 1번 방은 술 마시는 방, 2번 방은 고스톱 치는 방, 3번 방은 젊은이들이 있어 고요한 방, 4번 방은 늙은이들이 쉬는 방. 그러고는 늦어도 밤 11시까지 취침해야 한다는 원칙을 정해 두었다. 만약 이런 원칙을 정하지 않았다면 다음 날 현장 근무 인원을 장담할 수 없었을 것이다. 장현이 형은 2번 방, 나는 1번 방에서 한두 시간 정도 놀다가 3번 방으로 안착했다. 일주일에 한두 번은 장현이 형과 반장인 천수 형, 나와 동갑인 영배를 포함해서 늦은 시간까지 술판을 벌일 때가 있었다. 연령대가 비슷한 것도 있지만 좋아하는 영역이 상당히 겹치는 연유도 있었다.

보통 술안주는 저녁 먹으면서 식당 주인에게 간단히 돼지 두루치기나 부침개를 부쳐 달라고 하는데, 술자리가 길어지면 술과 안주 모두 부족해졌다. 모자란 술과 안주를 공수하려면 멀리 떨어진 원북면까지 가야 했다. 평상시에는 천수 형이 뒤에서 일하시는 옆동네 노인분께 하루 동안 일하지 마시고 저녁 술안주용으로 해산물을 잡아 오라고 할 적도 있었다. 그러면 그분은 기분 좋게 바다로 출근하셨다. 바닷가에서 오랜 시간을 보냈던 노인은 가을 해가 저물기 전에 양동이 가득 낙지며 조개며 우럭, 노래미 등 알 수 없는 생선을 그득 안고 오셨다. 깔끔하게 손질까지 해 놓으시면 우리는 저녁 먹기도 전에 술판을 벌였다. 장작불을 붙여 굽고 삶아 생선이 익기도 전에 붉은 얼굴과 새는 말투로 어우러졌다. 그렇게 전투적으로 먹은 후에 남은 생선들은 다음을 위하여 빨랫줄에 빨래 대신 걸쳤다. 깜빡 잊고 낮게 걸치면 그날 밤을 넘기지 못하고 생선을 노리던 고양이들의 창자 속에서 팔딱거리고 있을 터다. 그러나 그 노인네는 어쩌면 고양이들을 응원했을 수도 있지 않을까. 노인에게는 하루지만, 힘든 일을 하지 않고 평생 몸에 밴 고기 사냥을 갈 행운을 얻을 수도 있으니 말이다.

소주 바다

사랑과 이별의 경계 속에
파도 치는 삶의 언덕 위에
인정머리 없이 쏟아 붓는
햇살의 방아쇠를 뒤로 하고
파란 바다에 몸을 던졌다

소주 바다다

눈을 감고

코를 막고

귀를 덮고

안으로, 안으로 잠수했다

그렇게 용기를 훔쳤다

이놈이면 배부른 안주다

하지만 오늘은 말려 둔 생선 1마리가 없었다. 하는 수 없이 막내인 영배와 내가 술을 공수하러 나가야만 했다. 또한 우리는 적당한 알코올로 인해 입냄새로 절어 있어 차는 무리라 자전거로 원북면 내로 가야만 했다. 거기까지 20분가량 걸렸다. 보통 시골의 면 소재지는 저녁 9시 정도면 문을 닫아 캄캄하기 마련인데, 원북면은 여러 군데에 하얗게 불이 켜져 있었다. 아마도 화력 발전소 공사장 인원의 수가 워낙 많아서도 있겠지만, 이전에 이런 식으로 외부인들이 많았던 적이 없었기에 발전소 건설 과정으로 인하여 반짝 특수를 정신없이 받아들이는 모양이었다.

그렇게 슈퍼를 찾았다. 시골 슈퍼치고는 큰 편이구나 생각하면서 소주, 막걸리 그리고 간단한 안줏거리를 바구니에 담아 계산대로 향했다. 바구니는 비워 내고 계산대 위를 채우면서 아무렇지 않게 고개를 들었다. 기분 좋게 채워진 나의 앞에는 주꾸미 다리보다 보드라운 손가락이 담겼다. 고개를 조금 더 들어 올리니 TV 속에서나 있을 법한 아가씨가 계산기를 탁탁탁 두드리고 있었다.

"다 가져오신 거죠?"

음악 같은 목소리로 그녀는 물어 왔다. 우리는 계산대 위 술병이 우리 것이 아닌 양 공손하게 그렇다는 뜻의 단말마를 뱉었다. 입을 벌리는데도 심장이 방망이질을 쳤다. 그렇게 우리는 짧은 20분을 두어 시간처럼 되감았다. 계산대에 있던 가수 또는 배우 같던 예쁜 아가씨. 그녀에 대한 이야기와 함께 숙소로 배송되었다.

드라이브

날이 좋아서
옆에 누군가 있으면 좋겠다는
왜곡된 꿈을 꾸었습니다
이유 없이
조건 없이
그냥 그런 사람이면 좋겠습니다
겨울이 수없이 오가는 동안
감히 꿈을 꾸어 볼 수 없던 사치를
오늘은 별안간 누려 보고 싶습니다

그날 우리는 사 온 술과 안주를 마주한 시간보다 마당 앞 바닥에 쪼그려 앉아 있던 시간이 더 길었다. 이름도 성도 모르지만, 공통적으로 예쁘다고 표현되는 그 아가씨의 손가락, 발가락을 더 많이 이야기했다.

32

그날 이후 영배와 나는 며칠간 당구장을 핑계로 원북으로 나가서 저녁을 먹었다. 그녀의 정보를 알아내고자 굿기 어린 눈동자를 자전거 바퀴처럼 굴렸다. 일정하게, 꾸준히 당구장에서 시간을 보내니 주인 외의 단골들과 자연스레 가까워졌다. 이 방법만큼 동네 정보를 단시간에 얻을 수 있는 곳도 드물긴 했다. 그녀는 22살의 김선경, 슈퍼마켓 주인의 조카이고 대학에 2번이나 떨어져서 현재는 취업 준비 중이라고. 얼마의 보상을 받고 지금 아버지는 발전소 현장에 일용직으로 근무하고 있단다. 하긴 그녀에 대한 정보가 무슨 의미가 있을까 싶으나 그래도 조금이나마 주변을 알면 그녀의 마음을 훔쳐 낼 확률이 높아지지 않겠나 싶었다.

낭만 벚꽃

웅성이며 날아갈 것처럼

통통 걷는 사람들 머리 위로

화려함을 벗어 흩날리고

사람들은

눈으로 마음으로

연인과 가족에게 수두룩 받아먹는다

그들의 허기가 채워지면

예견된 가지마다 푸름으로 웃겠지만

지나간 이들은 다시 오지 않는다

그날이 다시 올 때까지

지나가기 전에

떠나가기 전에

날아가기 전에

이들을 담아야 했다

  어찌 되었든 그녀는 밤 10시에 삼촌과 슈퍼 문을 닫고 집으로 갔다. 저녁 9시 30분쯤 우리는 그날 그랬던 것처럼 숙소에 이미 있는 커피와 샴푸를 들고 계산대로 향했다. 그리고 자연스레 그녀와 대화를 시도했다. 이제는 그녀도 우리를 알아보고 웃으며 입을 열어 줬다.

"커피를 참 즐겨 드시네요."

그쪽에서 먼저 말을 건네오면 우리 둘은 경쟁하듯 히죽거렸다.

"그럼요. 원북 커피라서 더 맛있어요."

속이 훤히 보이는 거짓 언어로 둘러댔다. 그렇다. 그녀는 1명이고 우리는 둘이라는 현실. 영배는 알고 있었는지는 몰라도 나는 지금에서야 깨달았다.

나는 너를 사랑해
그러기엔
내가 너무 작아
우기고 싶어
보이는 것은 결국 허상이라고

그녀가 한 사람의 그녀여야 한다는 사실을 나는 잊고 있었다. 내 나이 28살. 3남매가 같이 사는 서울의 작은 반지하 월세방. 내 직업 노가다. 나에게 지금 가장 필요한 것은 돈. 이제는 알 것 같았다. 지금 내가 나아가야 하는 현실은 예쁜 여자가 아니라 돈을 모으는 일이라는 걸. 그렇게 지상의 전셋집으로 신분을 상승시켜야 한다는 절실한 과제를 잊고 있었다. 영배는 오래된 주택이긴 하지만, 서울에서 부모님과 함께 거주하는 자가 주택이 있었다. 나처럼 절실한 과제가 이미 충족되어 영배는 나보다 몇 단계나 앞섰다는 것은 알 수밖에 없었다. 원하는 것을 얻기 위해서는 주변과 위아래에 절대로 한눈팔지 말라는 유행어 같은 말도 있지만, 내가 어려서인지 아니면 자격지심 때문인지는 모르고 싶었다. 그리고 영배와 잘 되기를 바란다는 거짓말을 응원으로 다듬었다. 혹시 내가 필요하다면 힘을 보탤 수 있도록 노력하겠다는, 마음에도 없는 말을.

  포기라는 단어는 아침 이슬 또는 가랑비와도 같다. 내가 인식하지 못하는 사이 살포시 젖어 들기 때문에. 포기는 당연한 게 되어 내 머릿속에 똬리를 틀고서 일상을 지배했다. 그녀와 정이 들지도 않았는데 전날 들이부었던 술이 반항하듯 일렁이는 느낌을 숨길 수가 없었다.

술

내가 그대였나
그대가 나였나

취한 세상을 살고 있는지
내가 취했는지

한 잔 더 주시게나
세상하고 친해져 보게

한 병 더 주시게나

그 친구 붙잡아 보게

　작업이 끝난 후 우리가 원북에서 저녁을 먹는 날들이 반복되다 보니 장현이 형과 천수 형 그리고 같이 일하는 사람들은 오해 아닌 오해를 하게 되었다. 막둥이 일꾼들에게 음식이 잘 맞지 않아 밖에서 먹는 것이 아니냐며. 이렇게 따져 묻는 바람에 식당 주인에게도 오해를 받는 지경에 이르렀다. 이제는 어쩔 수 없이 반장인 천수 형에게 이실직고하는 수밖에.
　천수 형에게 자초지종을 말하고, 아직은 연애를 장담할 단계가 아니기에 일하는 사람들에게는 적당히 핑계를 둘러대면 좋겠다고 했다. 형님만 알고 있으라는 말도 덧붙였다. 그러나 바로 다음 날, 우리는 현장 사람들에게 힘든 일하는 가운데 한 번은 웃게 만드는 이야깃거리가 되었다.
　"인간의 하나뿐인 입은 저울에 올릴 수 없는 물건이다."
　'그 여인을 차지할 사람은 바로 누구일까.'라는 주제로. 아무튼 영배는 쉬는 날에 선경이와 태안반도를 섭렵하며 데이트에 빠졌다. 그 때문에 일할 때 말고는 얼굴을 보기 힘든 놈이 되어 버렸다.

33

그렇게 태안에서 영배는 행복한 나날을 보냈다. 그로부터 1년이 지나고 이곳에서의 생활이 지루해질 때쯤, 다른 친한 형님으로부터 도와 달라는 연락이 왔다. 도와 달라는 것은 본인이 관리하는 현장 일이 바쁘니 사람이 필요하다는 뜻이었다. 이런 건 겸손하게 부탁하는 게 노가다 미장일을 하는 사람들의 관례였다. 이곳에서 일하면서 같이 일하자는 연락이 자주 왔었다. 그럼에도 이곳에서의 시간이 나쁘지 않아 모두 거절하고 한 달에 한 번씩 영배와 난곡의 보금자리에 다녀오고는 했다. 오랜만에 얼굴을 보는 형과 동생은 떨어져 있던 시간만큼 더 반갑고 없던 우애를 조금이나마 느낄 수 있던 것 같았다.

영배네도 같은 난곡인데, 조금 더 안쪽에 위치해 가끔 영배네에 들러 영배 엄마가 차려 준 음식을 당연한 듯 축내기도 했다. 영배의 부모님은 나를 아들처럼 대해 주셨다. 객지 생활을 하는 내가 안쓰럽게 보였거나 아니면 아들의 친구이니 사이좋게 잘 지내라는 맛있는 압박이었을지도 모르겠다.

　누구나 느낄 수 있는 어른들의 어른스러움을 오늘도 나는 배우는 듯했다. 물론 어른스럽지는 않은 어른들도 많다는 것도 안다. 몸에 밴 삶의 방식이 성숙한 어른들이 대부분이지만, 몇몇은 자신만을 위해 타인을 이용하는 잘못된 지식에 갇혔음을 부정할 수 없다.

　승우 형의 부탁에는 웬만하면 움직여야 했다. 승우 형은 내가 조공할 때부터 쉬는 시간에 미장 연습을 혼자하고 있으면 각별하게 신경 써 주었다. 잘 못 하는 것도 시간 내어 알려 주었고, 준기공 상태에서도 기공으로 인정해 임금을 지불해 주기도 했다. 한여름이 다 되어 가는 지금, 천수 형에게 사정을 발설한 뒤 태안에서 일주일만 더 일하고 승우 형 현장으로 출근하기로 했다. 현장 위치는 안산 중앙동 아파트였다. 영배는 일 말고 태안에서 청춘이 한창이니 아직 태안을 떠날 마음이 눈곱만큼도 없을 테고, 장현이 형 또한 조금 더 그곳에 머물기로 했다. 금요일이 되고, 보따리를 싸 들었다. 아쉽지만 즐거웠던 태안을 떠나 집으로 왔다.

　월요일부터 안산 현장으로 출근하기로 했으니, 모레까지 편하게 쉬고 월요일 아침 6시까지 현장으로 출근하면 되었다. 토요일 아침부터 하늘이 심상치가 않더니만 오후가 되니 천둥 번개와 비가 동반했다. TV에서는 올해 장마가 시작됨과 동시에 중부 지방에 많은 비가 올 예정이라고 했다. 아마 지금부터 시작되려나 보다.

술의 시간(술시)

일상의 가면을 술잔 밑에 눕히는 시간
남녀노소가 소멸되는 시간
흔들리는 내일을 술잔 속에 넣어 말고
사랑과 이별을 섞어 담아요
지난날과 지나갈 날이
하나가 되어 터질 듯해요

부딪히는 잔
벗들의 미소는 영혼의 안주
목소리는 상처받은 하루를 정화시키지요
흐르는 시간이 야속한 지금
슬픔은 귀가시키고
넘치도록 기쁜 시간을 마셔 봐요

손잡이를 움켜쥐어요
술의 시간이 시작됐어요
속삭이는 소리에
가로등 불빛도 별빛도 귀를 모았어요

사알짝 취했어요

집 나간 정신이 후회하고 있어요

 형은 가게에 가서 없고 나와 막내는 부침개를 해 먹을 요량이었다. 슈퍼에서 밀가루, 쪽파를 사다 놓고 소주잔에 나 홀로 술을 채워 가며 오랜만에 게으른 여유를 만끽했다. 막내의 서투른 부침개 부치는 소리와 향기로운 파전 향기가 좁은 반지하방을 삼켜 버렸다. 사회생활을 하거나 그렇지 않은 사람들, 젊거나 늙었거나 우리네를 살아가는 모든 이의 공통적인 바람은 아마 출근 시간에 맞춘 알람의 해제일 것이다. 그래, 지금 나는 알람이 해제된 상태다.
 막내와 내가 꼬마 밥상 위에서 알람 없는 시간을 한참 보낼 즈음, 반지하 현관 문틈 밑으로 노크 없는 불청객이 도둑처럼 얼굴을 내밀었다. 혹시나 하고 현관문을 열어 보니 총칼 들지 않은 적군처럼 낮은 포복 자세로 침투하여 단시간에 방바닥을 점령해 버렸다. 너무나 갑작스러운 일이라 윤운이 형에게 곧바로 이 사실을 알리고 난 다음에 빗자루와 쓰레받기 그리고 양동이를 찾았다. 힘차게 쏟아지는 빗물이 도로를 넘어 우리 반지하방을 덮쳤다. 정신없이 물을 퍼내는데 때마침 윤운이 형이 거친 숨을 몰아쉬며 도착했다. 역시 나이 상관없이 생각이나 센스만으로도 형이었다. 나와 막내는 물을 박박 퍼내기만 했지, 들어오는 물을 먼저 잡아야 한다는 생각 자체를 못 했다. 형은 공동 화장실 근처에 있는 창고 같은 곳에서 벽돌 몇 개와 걸레를 준비했다. 그러고는 아궁이 옆에 쌓인 연탄재를 가져다 밟아 잘근잘근 부수었다. 이내 현관 입구에는 작은 둑이 지어졌다. 이후 정신없이 침투하던 빗물의 슬픈 탄성만이 문지방 너머에서 메아리처럼 울렸다. 오늘도 나는 풍요로운 삶의 지혜를 형으로부터 얻었다.

"이미 들어와 있는 물을 퍼내기보다는 지금 물이 들어오지 못하게 하는 것이 우선이야."

그렇게 중얼거리는 동안 문득 걱정되는 일이 생겨났다. 아마 뒤쪽에 있는 지하실 방에도 분명 빗물이 들어갔을 것이다. 1년도 넘게 같은 화장실, 같은 대문을 이용했으나 얼굴은 화장실 사용할 때 스치듯 또는 일주일에 한 번 볼까 말까 하는 사이였다. 뒤쪽에는 아줌마와 5~6살 정도 되어 보이는 아이가 살았다. 그곳은 일주일에 한 번 집에 아저씨가 오면 여지없이 부부 싸움이 시작되었다. 아무래도 지금은 꼬마 혼자만 집에 있는 듯싶어 혹시나 하고 뒷집 문을 두드렸다. 역시나 현관 입구와 신발장은 이미 물로 막힌 상태였다. 꼬마는 겁을 먹었는지 찔끔찔끔 울면서 현관문을 열었다. 방 안의 장판은 발목이 잠길 만큼 빗물이 차올라 있었고 여러 물건이 흠뻑 젖은 채였다. 꼬마를 우리 집에 데려다 놓고 우리 셋은 방에 들어찬 물을 정리해 둑을 만들어 빗물을 차단시켜 놓았다. 그리고는 꼬마가 안심하도록 막내가 부쳐 놓은 파전을 먹이면서 달랬다. 나중에 꼬마네를 살짝 둘러보니 입구에서부터 방 안까지 플라스틱 바구니며 세숫대야, 휴지통 등이 어지럽게 쌓여 있었다. 부부 싸움이 유독 시끄러웠던 이유가 가득했다. 분명 시골 마을 회관과 경로당 이런 곳에서 만병통치약 또는 건강 보조 식품 같은 것들을 팔고 바구니나 휴지통, 양동이 등을 사은품으로 주는 약장수가 분명해 보였다. 두어 시간 정도 지나니 세차게 내리던 빗줄기가 가늘어졌다. 마침 토요일이라서 두꺼비 같은 아저씨가 와서는 딸을 찾기 시작했다.

"수빈아! 수빈아!"

그 소리에 아빠를 외치며 꼬마가 달려 나가 아빠 품으로 안겼다. 아이의 이름은 수빈이었다. 배불뚝이 아저씨는 고맙다는 말을 건네고서 수빈이를 데리고 갔다. 그들은 대충 물이 제거된 집으로 돌아갔는데, 사랑이 부족하고 간절하던 수빈이의 슬픈 낯이 희미해졌다.

사람 냄새

가벼이 사람을 봤던 날이
하루도 없었어
향기를 보고 싶었지

이제는 그만
욕심을 저울로부터 해방시켜야지

물난리가 끝이 난 이후 수빈이는 학교가 마무리되면 홀로 집에 있다가 막내가 들어오는 소리를 듣고서 우리 집으로 와 놀고 가는 날이 잦아졌다. 수빈이는 큰형님 딸인 미선이와 같은 학교 같은 반 친구였으며 학교에서는 미선이와 친한 사이였다. 그래서인지 나도 그 아이가 참 귀엽고 살가워서 좋았다.

안산은 아파트며 주택이며 상가 건물을 계획적으로 한꺼번에 도시를 일구려는 듯했다. 그래서 참 살기 좋은 동네가 되겠다 싶었는데, 승우 형의 생각도 그랬는지 형은 아예 안산으로 이사를 갔다. 그래서 가끔 일이 끝나면 승우 형이 집에서 삼겹살을 구워 먹자고 초대하기도 했는데, 그러면 형수님이 차려 주신 음식에다 삼겹살을 더했다. 술에 흠뻑 적셔진 채로 형의 집에서 자고 출근하는 날이 많아졌다. 그렇게 안산이라는 동네에 나도 모르게 친밀감이 들었던 모양이다. 안산에서 일이 끝나 갈 때쯤 윤운 형은 큰형과 결별하여 친구들과 함께 설비 일을 하기 위해 신대방동으로 독립하고, 막내는 다시 장위동 둘째 형네로 편입되어 당분간 나 혼자 방을 지키게 되었다. 이제 안산 현장도 거의 마무리가 되어 자잘한 땜빵만 남은 상태로 한가로울 무렵이었다. 내 머릿속에 묵혀 둔 일을 이제는 깊이 숙고할 때가 되었다고 생각을 굳혔다. 내 나이 서른이 되어 그토록 바랐지만, 시간과 금전의 한계에 부딪혀 미루었던 일을 실천할 때가 되었다.

국민학교 5학년, 우리 집은 초가집이었는데 지붕을 슬레이트로 개량했었다. 지붕을 개량하기 전에는 가을마다 헌 지붕 위의 볏짚을 걷어 내고 추수가 끝나면 새로운 볏짚으로 이엉과 용마루를 만들었다. 해마다 품앗이로 마을 사람들과 초가집 위의 볏짚을 교체

했다. 헌 지붕을 걷으면 지붕 속 생태계가 고스란히 드러났다. 가족이 된 들쥐 무리, 군데군데 들쥐들을 노리고 똬리 틀고 있는 구렁이들 그리고 엄청난 양의 굼벵이까지. 더불어 참새 둥지도 붙어 있었다. 그중에서 제일 통통했던 건 구렁이들이었다. 아마도 주변에 먹을 게 그득 차려져 있어서라고 짐작했다. 다른 것들은 그대로인데 집 외관은 현대식으로 멀끔히 변화했다. 어마어마했던 생태계도 사라지고, 쥐들의 오줌으로 인해 천장에 늘 다른 지도가 그려졌던 방도 이제는 안녕이었다. 마음속의 안정을 선물 받은 느낌이었다. 이는 당시 새마을 운동의 일환이었다. 지붕 개량 사업, 이것 하나만으로도 마치 과거에서 현대로 껑충 건너뛴 변화를 눈앞에서 본 듯한 기분이었다. 그렇지만 여전히 엄마와 누나는 갈퀴나무를 때야 했고 막내는 밤에 측간에 가려 나를 찾아야 했으며 아버지는 돼지 막사 외양간에 깔린 똥을 치워야 했다. 엄마도 아버지도 이제는 칠순에 가까워져서 그런지, 내 눈에 비치는 두 사람의 모습은 다 늙어 근육이 없는 아이였다.

고목나무

썩은 고목에도
새싹은 피어올라
질투의 줄기도
기다림의 이파리도

애증의 꽃잎도
오랜 향기로 피어나지요

세월의 무게로
넘어질 것만 같은
나이테 한가운데에는
꽃을 피워 내던
젊음이 고스란히
가려져 있지

    그래서 나는 노가다 미장공을 시작하고 스스로 시골집을 지을 능력이 갖추어질 때를 기다렸다. 부모님이 앞으로 얼마나 살지는 알 수 없었으나 남은 삶만이라도 좋은 집에서 살게끔 하고 싶었다. 그리고 지금이 그때가 된 듯하다고 생각했다.

34

　시골집을 지으려면 기존의 집을 철거하는 것부터 하나하나 계획해야 했다. 해당 부분을 아버지와 조율한 후 공사 실행 준비를 반지하방에서 진행할 무렵, 뒷집 수빈이네에서 전에 없던 부산한 소리가 들려왔다. 무슨 일이 있는지 여러 사람과 낯선 여자 목소리가 고막을 간질여 궁금한 마음에 근처를 기웃거렸다. 수빈이 목소리도 안정적이고 대화도 차분해서 별일 아닌가 싶어 다시 집으로 가려는데, 눈에 익은 사람이 보였다. 설마, 아니 설마. 어릴 적 엄마가 학교에 보내 놓으면 가지 않고 논둑에서 놀다가 해가 늘어질 즈음 집에 들어왔던 논둑 공부 창시자 연순이 누나였다. 집에 온다는 이야기도 없었고 형들과 막내도 언질 주지 않았다. 작은누나는 놀란 눈으로 나를 바라봤고, 나도 영문 모를 눈으로 멍하니 누나를 쳐다봤다. 이윽고 정신을 차리고는 반가운 마음을 토했다.
　"누나, 뭔 일이야."
　둘째 누나는 오래전 아들 하나를 낳고 반강제로 이혼한 후에 다시 재혼하여 예쁜 딸을 낳았다. 그때 행복해하던 누나 모습이 참 좋았었다. 전부터 나는 둘째 누나를 연순이라고 불렀다. 연순이는 공부를 싫어했으나 일은 좋아했다. 또 성격이 대쪽 같아서 할아버지가 엄마를 구박한다 싶으면 달려들었다. 우리는 할아버지의 처분이 떨어지기 전까지 아무 말도 못 했는데 연순이는 아니었다. 접시를 집어 들고 할아버지가 계시는 사랑방으로 뛰어가 문지방 앞에 냅다 내던졌다. 더불어 할아버지는 매일 놀고 손가락 하나 까딱하지도 않으면서 늘 엄마만 부려 먹는다고 소리치기까지. 그래서 눈두덩이가 달아오르도록 할아버지에게 대들 수 있는 건 우리 집에서 연순이가 유일했다. 그런 연순이에게 아버지는 할아버지 면전에서 잠깐 호통칠 뿐, 그 이상 체벌도 꾸짖음도 없으셨다. 그도 그럴 것이 할아버지는 고향에서도 알아주는 한량이셨다. 유산을 물려받은 할아버지는 농사에 관심이 없으셨다. 되레 장사를 하신다고 밭과 논까지 모두 팔아 소 장사를 하시며 밖으로만 나다니셨다고. 집에는 푼돈도 가져다준 적이 없어 아버지께 빚만 유산으로 남겨 주셨다. 그걸 견디지 못하셨던 할머니는 할아버지와 일찍이 별거하셨다.

할머니는 불티재 너머 삼거리에서 주막을 하셨는데, 그마저 주막이 시대의 변화로 사라지며 병영에 있는 친척 집에서 식모로 근근이 생활하셨다. 할머니는 돌아가시면서도 본인의 무덤을 할아버지 옆에 묻지 말아 달라고 아버지께 부탁하셨다. 아버지는 차마 그럴 수가 없어서 할아버지와 할머니 무덤 사이에 나뭇가지를 엮어 울타리를 쳐 두셨다. 이런 현실이 우리 가족과 작은집 식구들, 아버지 형제자매 모두가 경험으로 알고 있는 터다. 반면 연순이는 엄마가 하는 논일, 밭일을 어렸을 때부터 도와주었다. 어쩌다가 연순이가 산에 가서 갈퀴나무 몇 개 해 놓은 것을 아버지와 내가 가지러 가서 보면 크기가 어마어마했다. 그럼 아버지는 실룩실룩 웃으며 아버지 한 지게, 나 한 지게, 연순이는 머리에 이고 해가 저무는 산허리를 지났다. 산길을 따라 멧돼지 새끼들이 어미를 따라 줄지어 따라다니듯 아버지 뒤를 쫓아서 집으로 돌아왔다. 연순이는 호랑이 같은 성격에 소처럼 바지런했다. 세상 따뜻한 심장의 소유자였으나 어떻게 보면 미련한 누나이기도 했다. 국민학교를 다 마치지 못해 한글을 잘 읽고 쓰지 못했다. 그 때문에 우리의 선입견이 더해진다고나 할까. 그리고 잘못된 데에는 곧바로 쌈닭이 되기도 했다. 그러나 연순이 누나의 운명도 참 기구한 팔자였나 보다.

　금전은 세상을 살면서 부수적인 요소이지만, 가족이라는 항목은 삶의 영역 중에선 가장 필수다. 그런 필수 항목 중 매형이 갑자기 질병으로 또 다른 세상에 홀로 갈 줄은 연순이도, 우리 가족도 알 수가 없었으니. 그렇게 누나 딸 은혜는 학동에 계시는 할머니 품에서 자라야만 했다. 누나도 누나지만 꼬맹이 은혜도 홀로 할머니, 할아버지 품에서 자라 우리 눈치를 보는 일이 일상이 되어 불쌍했다.

　또래라고는 옆집 선희 형님네 아이들뿐이었다. 옆집 선희 형님은 알코올 중독으로 돌아가셨고, 형수님은 땟국물 묻은 손으로 음식물을 주워서 먹는 일이 다반사였다. 주변뿐만 아니라 마당과 방

안은 쓰레기장을 방불케 하고 머리부터 발끝까지 구정물이 질질 흐르는 것처럼 보여서 동네 사람들은 볼일이 없으면 가까이하지 않았다. 우리 동네 사람들은 그 형수님을 반푼이라 불렀다. 반푼이 형수가 큰딸 명자를 낳았을 때도 소똥 거름 뒤쪽 측간에서 볼일을 보다가 아이를 낳는 바람에 아이가 똥통에 빠졌었다고. 마당에서 들깨를 털던 아줌마가 애 우는 소리에 깜짝 놀라 똥통에서 간신히 꺼내서 살려 놓은 아이가 큰딸 명자였다. 이런 엄마를 둔 아이들의 꼴이 오죽했겠는가. 그러니 우리 은혜는 참 불쌍한 아이지만, 그래도 시설이 아닌 할머니 곁에서 명자가 부러워할 현대식 이름과 동네 사람들로부터 반푼이 소리 듣지 않는 엄마가 있어 그나마 다행이었다. 그렇게 누나는 두 번째 매형을 보내고 다시 혼자가 되어 영암 세지면에 있는 식당에서 일하며 살고 있었다. 배움이 없어 한글도 숫자도 제대로 구사할 줄 몰랐기에 반 문맹이나 다름이 없어 가족들에게는 아픈 손가락 중 하나가 되어 버렸다. 이렇듯 부족함이 많은 누나라 큰 변화가 생긴다면 걱정할 수밖에 없었다. 큰누나도 이혼해서 딸과 둘이 살고 있지, 둘째 누나는 첫째 아들을 시댁에 딸은 학동의 엄마에게 맡겨 두고 혼자서 살지. 해서 명절이 아니더라도 엄마는 항상 누나들 걱정에 이만저만이 아니셨다.

그런 불쌍한 둘째 누나가 영문도 모르는 채 내 앞에 서 있었다. 잠시 후 두꺼비처럼 생긴 수빈이 아빠가 "연순 씨." 하고 우리 누나를 부르더니 나보고 아는 사이냐며 물었다. 까무러칠 뻔했다. 정신이 혼미했다. 무슨 이런 일이 있을 수 있나? 나는 제정신이 아닌 상태로 누나와 수빈 아빠에게서 자초지종을 들었다. 알고 보니 영암 세지의 식당이 수빈 아빠 형 가게이고, 누나가 일도 잘하고 착한데 외모도 예뻐 수빈 아빠 형수가 누나를 소개해 주었단다. 그렇게 몇 번의 만남으로 서로에게 믿음이 생겨 이렇게 인연을 가지게 되었다고.

인연

흐릿한 여름밤
은하수가 모아 둔 별빛 그늘 사이로
한여름 몰래
나뭇잎에게
가을이 숟가락을 건네고 있어

깜빡이며 조는 여름 몰래
가을이 숨을 쉬어
계절은
계절이 잠든 밤
숨 바람 타고 온다네

어릴 적부터 석이네 공식 바람둥이 완이 형이 방앗간 트럭을 끌고 와서 누나를 만나게 해 달라고 우리 집 대문 앞에서 귀찮게 할 때가 많았다. 그러나 누나가 너무 어리고 세상 물정 모르는 철부지라며 매번 완이 형을 아버지가 쫓아냈었다. 그러니 누나를 본 순간, 수빈 아빠 행동이 강 건너 불 보듯이 뻔했다. 수빈 아빠는 이미 이혼하여 직업상 집을 떠나 있는 날이 많아서 평일에 수빈 엄마가 일을 마치고 수빈이를 돌봐 준 모양이었다. 수많은 지역 중에 이곳 서울, 수많은 동네 중에 우리 옆집, 수많은 사람 중에 수빈 아빠. 멀쩡한 정신이 내 머릿속에 다가오기도 전에 그들도 당황했는지 영암으로 출발해야 한다면서 수빈이와 누나를 봉고차에 태워 날아갔다. 곧바로 엄마에게 전화했지만, 밭에서 일하고 계시는지 어둑해질 때쯤에야 전화를 받으셨다. 엄마는 어째 그런 일이 있냐고 하실 뿐, 대수롭지 않아 하셨다. 하긴 엄마 입장에선 아픈 손가락에 한 줄기 희망을 만드시는지도 모를 일이다.

이윽고 추석이 다가왔다. 이제는 시골집 재건에 관하여 가족들에게 말해야만 했다. 추석에 작은아버지, 고모, 고모부까지 모여 계실 때 아버지와 미리 정리된 상황에서 집 이야기를 꺼냈다. 형식상 물음을 던졌으나 실상 통보에 가까웠다. 몇 가지를 제외하고 나머지는 나, 아버지 그리고 시골에서 집 짓는 경험이 풍부하신 고모부와 함께라면 옥상 있는 30평 정도는 3천만 원으로 가능할 것 같다고 했다. 통보한 뒤 큰형님이나 형제들도 시간이 나거든 잡일이라도 도와주면 도움이 될 것 같다고 덧붙였다. 이렇듯 저돌적으로 저지르지 않으면 큰일을 시작하는 데에 있어 이견 충돌로 추진하기가 어려워질 것만 같았다. 비용은 아버지와 내가 반반 부담하면 된다고 형수님들에게 눈 맞춰 가면서 말씀을 드렸다. 이런 이야기를 꺼내면 걱정하고 반대하려는 세력들을 미리 잠식시키고 싶었다. 비용 문제 형수들에게 예민한 문제가 아닌가! 그렇게 가족들에게 의견을 묻는 명목으로 통보하는 동안 스치듯 엄마를 확인했다. 걱정되는 표정과 오랜만에 행복한 눈망울 2개를 나만 보이도록 살짝 꺼내 놓은 듯했다.

그리고 연순이 누나 이야기를 위해 대화할 차례인데, 영암에 사는 작은아버지께서 오셨다. 연세가 60살이 넘으셨는데 장작더미를 어깨에 짱짱하게도 올려놓은 듯 으스대면서 오토바이를 타고 다니셨다. 그분은 한평생 그렇게 사셨던 분이다. 아마도 내가 학창 시절에 잠깐 그분을 닮았었나 보다. 명절에는 식구들과 친척들이 우리 집으로 모여들었는데, 그 시기에는 기본적으로 매일 소주 됫병 한 박스씩 사라졌다. 집 공사 이야기를 시작할 때부터 마셨던 술로 기분 좋게 익은 만큼 연순이 누나의 상황을 조심스레 속삭였다. 누나의 근황에 가족 모두 좋으면 같이 살아야지, 좋은 일 아니냐며 쉬이 말했다. 그렇게 누나는 공식적으로 허락을 받아 냈다.

이제 학동 마을에서 우리 집은 두 번째로 슬레이트집에서 양옥집으로 변신할 예정이었다. 부모님에게는 평생 새집에서 상주한다는 게 꿈과 같을 것이다. 나는 더 이상 아버지가 지게를 이끌고 엄마가 부지깽이로 방바닥을 데우지 않게끔 하고 싶었다. 세월의 짐만큼 눌려계시는 부모님의 짐을 덜어 주고 싶었다. 작은아버지, 고모들도 집안의 큰 행사가 있을 때 고생하는 엄마 아버지에게 덜

미안해도 될 터였다. 그래서 기대가 참 많아 보였다.

집

휴가 가는 길
고향 가는 길
살기 위한 목적 속에
가야만 하는 여정 중에
졸린 눈 받쳐 들고
커피 홀짝대며 버티는 여행 중에
마음의 휴게소 만날 때가
매일인 곳
그곳이 내 집이었으면

   그러는 만큼 술안주는 놀랍도록 풍성해졌다. 나는 추석을 보내고 추위가 몰려오기 전에 기초를 잡으려 정화조를 만들어 기본 골조를 세우고자 했다. 겨울이 오더라도 창문을 달면 기온이 따뜻할 때는 외부에서 작업하고 추워지면 내부에서 작업해야만 봄에는 마무리될 수 있을 듯했다. 그래서 나는 안산에 있는 승우 형 현장을 서둘러 끝내야만 했다. 안타깝게도 승우 형 현장을 완전히 마무리하지 못했지만, 남은 사람들에게 일을 맡긴 채로 헐레벌떡 시골 학동으로 향했다.

35

승용차에 몸을 싣고 학동에 도착하니, 아버지는 벼농사를 끝내고 조합에 공판을 모두 내놓으셨다. 아마도 아버지 마음속에는 올 한 해 처절히 벼와의 사투를 벌였던 듯했다. 농협에서 매기는 농부 농사 등급은 관심도 없다는 양 보이기도 했다. 예전 같으면 1등급 받으려고 밤마다 엄마가 새 방에서 대나무 갈고리에 짚을 끼워 넣었다. 그러면 아버지가 통나무로 밤새 쿵쿵 다지며 짠 새 가마니를 공판 가마니로 사용했다. 이번 공판에는 그런 아버지의 노고가 삭제된 것만 같았다. 이건 아버지 생에 큰일이라고 생각되는 일을 시작할 준비가 끝났음을 알려 주는 의미이기도 했다. 엄마는 여전히 불안하신지 어쩌려고 그러는지 모르겠다는 문장만 연신 반복하셨다. 분명 엄마는 어린 아들의 집을 짓는다는 행위에 신뢰가 가지 않은 모양이었다. 그러나 나는 분명히 알 수 있었다. 아버지는 오래전부터 생각해 왔으나 여러 이유로 실행하지 못했던 거라고. 그것은 지금 아버지의 행동과 준엄한 표정에 고스란히 묻어 있었다.

기존의 집을 신축하려면 새마을 운동 당시 슬레이트 씌웠던 주거 공간 철거부터 시작해야 했다. 그러나 그보다 먼저 할 일이 있었다. 바로 이전에 가족들과 함께 나누었던 추억과 손때 묻은 세간의 구조 작업이었다. 진작에 이별해야 했을 터인데 한참이 지났음에도 엄마는 쉽사리 버리지 못했다. 나는 그리 깊이 생각하지 않았으나 엄마는 아니었나 보다. 하지만 마냥 쌓아 둘 수만은 없어 매정한 나는 그것들을 마당 한가운데에 놓고 화장시켜야 했다. 엄마의 심정을 그렇게.

이별

작지만 아담했던 공간에서
헐레벌떡
세상에 치켜세운
두 쌍의 젊은 눈동자가
아름다웠지요

예쁜 치아 비추어
꿈같은 아이 보듬어
마주할 때마다
서로 다정했었지요

이제는
넓은 공간에서
아껴 놓은 작은 꿈을
그려 볼 거예요

시린 겨울을 보낸 날이
몇몇이었는데
향기 담은 손수건 놓아 두고
향수 묶어 보자기에 넣어 담고
봄빛 새싹을 따라
어제를 싣고 가요

꼬맹이가 주머니 속에 챙기는
봄날의 수량만큼이나
꽃향기가 서럽도록
우리를 스토킹할 거예요

  아쉬운 엄마의 심정을 조금은 알 수 있겠으나 어찌 내가 그 마음을 다 헤아릴 수 있겠나. 엄마는 자신과의 싸움에서 깨끗한 양옥집을 얻는 조건으로 간신히 협상에 성공한 듯싶었지만, 달콤한 표정은 아니었다. 태울 건 태우고 쓸 수 있는 건 공사에 지장이 안 되는 모퉁이 텃밭에 모았다. 통나무를 깔고 그 위에 쌓아 언제 침투할지 모르는 비로부터 보호하려 비닐 덕석으로 꼼꼼하게 덮었다. 그리고 집이 완공될 때까지는 작은집인 동희네와 마을 회관을 오가며 생활해야만 했다. 시골에서 건축 경험이 많은 고모부에게 미리 시간 날 때마다 그려 두었던 설계도를 건넸다. 그러고는 바닥 기초를 시공하는 외장 목수들과 철근공들을 구해 달라고 부탁드렸다. 나는 포클레인 사업을 하는 성전초, 중학교 선배에게 고옥 제거를 위해 이른 아침부터 가족의 보금자리였던 곳을 찍어 누르는 데에 허락해 버렸다. 이는 목수들이 기초 준비 작업을 시작할 수 있도록 바닥을 평평하게 고르기 위함도 있었다.

나는 집을 천천히 완성해 나가면서 고향 친구들의 배려와 헌신의 덕 그리고 나 자신에게 감사해야만 했다. 레미콘 사업을 하는 희웅이가 펌프 카와 콘크리트를 멀디먼 목포에서부터 공수해 주어서 정말 고마웠다. 레미콘 기사들과 펌프 카 기사님들의 한결같은 말. 이렇게 먼 곳까지 공급하는 일은 거의 손에 꼽을 정도로 드물다고. 설비 사업을 하는 영석이가 설비 배관을, 전기 경력이 풍부했던 명식이가 전기 배관을, 미장 작업과 벽돌 쌓는 일 및 타일 작업은 내가, 나머지 자질구레한 일은 가족들이 처리해 주었다. 그렇게 하나가 되어 집을 만들어 나갔다. 논둑 공부 연순이 누나는 배불뚝이 두꺼비와 결혼하여 영암 터미널 근처에서 국밥집을 차려 매일매일 두꺼비가 일꾼들에게 국밥과 막걸리 안주를 공수해 왔다. 나는 그저 조금 맛있다고 생각했는데 일하는 사람들과 영암 사람들, 성전 사람들에게 소문이 나서 연순이 누나네 돼지국밥집은 영암 맛집으로 변신했다. 당연히 배불뚝이 두꺼비는 아버지에게 사위로서 높은 지위를 차지하게 되었다. 이따금 급한 일이 생기면 아버지는 두꺼비를 가벼운 마음으로 찾았다. 그런 사이로 변하는 중이고, 나에게도 배불뚝이 두꺼비에서 매형이라는 아름다운 호칭을 부여받게 되는 호사스러운 사이가 되었다.

진실

누나 신랑을 사랑하지는 않아
좋아하는 거지

누나 자녀들을 사랑하지는 않아
좋아하는 거지

누나를 사랑해

그래서 옆 사람들이
좋은 거야

내가 가족과 지인으로 할 수 없는 일은 형틀 작업, 철근 작업, 샷시 및 유리 시공뿐이었다. 이렇게 3개월 간의 고군분투 끝에 집이 생각보다 빠르게 완성되었다. 우리가 만든 이 집이 참 멋졌다. 외부 마감은 황토색 드라이비트와 같은 색의 인조석으로 마감되어서 동네 사람들은 언덕 위의 노란 집이라고 불렀다.

　이제는 폴더식의 전화기 창에다
　봄에는 아름다운 꽃을
　여름에는 시원하게 흐르는 냇물을
　가을에는 청명하고 높은 하늘 구름을
　겨울에는 하얀색 마음의 눈꽃을
　이처럼 사계절을 사진으로 담아내는 가족의 감성 한가운데에
　이제는 고향집을 사진으로 담을 수 있다는
　행복을 추가할 수 있어서 더욱 좋다.

　　아름다움이란
　　별거 아냐
　　즐거운 눈으로 세상을 봐봐
　　거기에 행복이 있어
　　오늘은 기쁜 세상

　준공식을 하기 이전에 아버지는 잠시 서당에서 공부했던 실력으로 구불구불한 한문을 천장 안쪽의 서까래에다 부적 새기는 것처럼 길게 써넣으셨다. 그리고 마을 사람들을 불러 잔치를 벌였다. 이른바 상량식이라는 명목이었다. 우리 가족은 먼 옛날 선조들에

게까지 새로이 태어난 우리의 집을 알려 줌과 동시에 명절과 제사 때 찾아오시거든 놀라지 마시라고 했다. 축제와 함께 어제의 집을 술과 털어서 마셔 버렸다. 나중에 엄마가 안 보여서 찾아 나섰더니 옥상에서 캄캄한 하늘을 보며 작은 목소리로 오물거리셨다. 무슨 말을 했냐고 물으니, 여기에 고추 말리면 잘 마르겠다고. 참 엄마다웠다.

살아생전 부모님을 현대적인 집에서 살게 하고 싶었던 건 나의 가장 큰 바람이었다. 그러나 어쩌면 그건 나를 위한 핑계였을지도 모르겠다. 나도 이제 한해를 갓 넘겼으니 31살이 되었다. 언제가 될지는 모르겠다만, 미래의 내 아내가 명절에 시골을 찾게 된다면 그 사람에게 측간을 사용하게 할 자신이 없던 것도 같았다. 나에게도 사랑하는 사람이 생겨서 자나 깨나 장가가기만을 바라시는 그분들께 실망을 주고 싶지는 않으나 나의 직업은 노가다 미장이다. 20대까지만 해도 가끔 소개도 들어오고 주변에서 여자가 있는 자리를 마련해 주었는데, 지금은 그마저도 끊겼다. 이제 내게 결혼은 거의 포기에 가까웠다. 그렇다고 여자를 돈 주고 물건처럼 사 오는 것은 더더욱 싫다.

세상으로

가을엔 고개를 올려
하늘을 보게 돼

파란 우주 속으로

누구처럼

파란 공간에는

길을 찾지 못한

목화밭 솜뭉치들이

갈바람 손을 잡은 채 걷고 있어

어디일까

가을 열차 티켓을

손에 쥐고 말았어

36

내일을 위해 오늘을 꼭 아낄 필요는 없어

시골집을 완성해서 그런지 아니면 마음속 짐 같던 일을 해냈다고 사방에 자랑하고 싶었던 건지. 나는 오래도록 목적의식이 사라져 버린 사람처럼 싸돌아다녔다. 아마도 적령기를 슬며시 지나가는 결혼 문제를 어떻게 할 수 없다는 내 직업에 깊은 회의를 느끼는 듯했다. 벌어 놓은 돈도 없지, 직업이 화이트도 블루도 아니지, 그렇다고 인물이 훤칠하여 여자들 시선을 고정시키는 인물도 아니지, 더불어 여자들에게 노가다는 그들이 벌레 보듯 한 걸음 피하는 직업 중 하나다. 이런저런 핑곗거리를 주렁주렁 목에다 매달고 주머니가 채워지기 무섭게 덜 채워진 돈을 메우려 더 바쁘게 생활하고 있다.

이른 아침

동쪽 마을 하늘에 떠 있는
수증기가 붉은 눈을 뜨고
인상을 썼다가 웃는 듯하고

허기진 가슴속에서는
높게 높게 떠 있는
피자 한 조각
살며시 주어서 오래

미장공으로 일하면서 또래인 영배, 진만이, 종필이, 나까지 우리 넷은 특별한 상황이 아니라면 항상 같은 현장에서 숙소를 잡아 놓고 행동했다. 미장 돈내기, 현장에서 메사라는 일본 언어로 통하지만 쉽게 말하자면 작업 일부 구간을 단위 면적 당 얼마의 금액으로 미장 두목으로부터 구두 계약을 하고 작업하는 거다. 메사를 아무에게나 주지는 않는다. 첫째는 믿을 만한 실력의 미장공이어야 하고 둘째는 공사 기간이 있어서 그 기간 내로 일을 끝낼 수 있는 성실함도 갖춰야 하며 셋째는 그 무리의 서너 명 정도 기능공이 같이 움직일 수 있어야 했다. 그래야만 아파트 한 동 또는 두 동을 무리 없이 세울 수 있기 때문이다. 갓 서른이 넘은 우리는 일에 관하여 무서울 게 없었다. 힘, 능력, 말발 등의 도움 때문인지 몰라도 이쪽 업계에서는 열 손가락 안에 들어간다고 자부한다. 그래서 우리 넷은 아파트 메사만 줄곧 다니면서 새벽 일찍이 현장에 도착하여 만반의 준비를 해 놓는다. 높은 층수라도 걸어서 모르타르 통을 털고, 모르타르를 섞어 벽에 시멘트를 바를 수 있게끔 했다. 그러고는 담뱃불을 붙였다. 그렇게 하얀 연기와 아침 해가 떠오르기를 기다렸다. 밝은 세상이 아침 햇살과 함께 펼쳐지면 바로 일을 시작했다. 해가 없는 어둠 속에서 일을 시작할 수 없는 노릇이니.

희망 도시

은하수랑 매일 논다
달이 다이어트할 땐
더 재미있게 놀았다
덜 깬 아파트 사이로
가로등 은하수가 천지다
은하수는 어디에나 있다

은하수를 보면서 출근했다
다시 그것을 보면서 퇴근한다

건설 현장의 노가다들뿐만 아니라 대한민국의 경제가 이어지도록 각자의 자리에서 본인의 몫을 해내는 모든 노동자가 꾸준하게 세상의 부품으로 역할을 한다. 거기에는 대가가 따르는데, 그 대가는 돈이다. 현장에서 휴식 시간이라는 개념은 없지만, 통상적으로 아침 식사, 오전 새참, 점심 식사, 오후 새참 시간이 쉬는 시간이다. 우리는 오전과 오후 새참을 생략하는데, 그 시간에 일해서 돈을 더 벌어야 하기 때문이다. 그렇게 어둠이 찾아오고서야 우리의 일은 마무리된다.

일터

불편하다고 불행하지는 않습니다
잘할 수는 없지만 못 하지는 않습니다
도움을 줄 수는 없어도
같이 하고 싶습니다
능숙하지 않더라도
시작은 할 수 있습니다
힘든 일과지만 돌아서지 않습니다
옆에 있는 동료의 미소가
아름다운 까닭입니다

이렇게 처절한 하루를 보내면 평균 30만 원 정도 일당이 충당된다. 현장에서는 엄청난 일당이다. 현장 다른 분야 사람들도 그것을 알고 있어 자재나 공구를 옮길 때 현장 엘리베이터인 호이스트 사용이 겹치면 우리에게 양보해 주기도 한다. 보통 6시 44분에 현장 사람들 전체가 모여서 스트레칭 겸 아침 체조를 하고 나서야 분야별로 일이 시작되지만, 우리는 체조를 하지 않고 일터에 올라가 조용하게 일한다. 암암리에 반장이 모르는 척해 주기에 가능한 일이다. 이는 다른 날일꾼에 대한 예의이기 때문이다. 우리에게는 시간이 곧 돈이고 현장에서는 하루 일당 크기가 현장에서의 지위가 된다. 이렇게 하루 일과를 마치고 숙소에 들어와 샤워실에서 깨끗하게 노가다의 흔적을 지워 버렸다. 메이커 있는 옷으로 갈아입어 모가지를 추켜세운 채 식당으로 향했다. 그렇게 밥을 안주로, 소주를 주식으로 먹은 뒤 불룩한 배를 손바닥으로 치며 2차로 갔다. 우리는 아가씨가 없는 술집은 술집이 아니라고 나불대면서 거만하게 일주일 중 3일을 보냈다. 다음 날, 일하기가 힘들고 어렵더라도 술집에서 기다리고 있을 아가씨들을 위해서라도 다시금 무거운 흙칼을 잡았다.

 이런 생활이 반복되는 가운데, 진만이는 동질감을 느껴서인지 내가 보기에도 참하게 행동하는 술집 아가씨와 꽤 길게 만나는 중이었다. 금방 헤어질 거라 입을 놀린 우리의 생각을 면전에서 부정시켜 주었다. 현장이 수지, 분당, 양주 등 자유분방했다. 어느덧 이곳의 일이 점차 줄어들고, 이제는 승우 형이 있는 안산에서 현장이 바쁘게 돌아가고 있었다. 시화공단 쪽이며 중앙동에 대규모 신도시가 만들어지고 있었다. 아무래도 현장 일을 안산에서 수년 동안 할 것 같아 승우 형 집 근처로 이사해야 하나 싶었다. 이런 생각을 하던 가운데, 영배는 선경 씨와 결혼하고 진만이도 끝끝내 그 술집 아가씨와 결혼했다. 종필이도 아는 사람 소개로 가리봉동에서 재봉하는 아가씨와 조만간 좋은 소식이 들릴 듯했다. 그렇게 우리의 2차 술집 축제는 자연스럽게 소원해졌다.

37

부족하더라도
당당하게 살자
그렇지 않으면
가난한 거다

내 나이 서른셋

영배는 딸을 낳았고 진만이는 엄마와 인천 계양에서 경기도 안성으로 이사를 갔다. 그 또한 예쁜 딸을 낳았다. 나는 안산 승우 형 집과 가까운 이층집으로 이사를 왔다. 사회에 나와서 이층집으로 막내를 데리고 온 나는 기분이 날아갈 것만 같았다. 집값이 싼 경기도 외곽이라지만 달마다 월세를 내지 않아도 되고 장마 기간에 물이 차올라 퍼낼 일도 없었다. 비록 은행의 도움을 받기는 했지만, 누구에게도 간섭받지 않아도 되는 그런 집이었다. 종필이 또한 우리 집 근처에 신혼살림을 차렸다. 연애에서 결혼까지 참 빠르게도 진행시키는 능력 있는 놈이기도 했다.

종필이는 국민학교만 졸업해서 영어를 거의 읽지 못했다. 우리 세대에 국민학교를 최종 학력으로 사회생활을 시작하는 사람은 거의 없지만, 종필이는 몇 안 되는 사람 중 하나였다. 보통은 고등학교는 기본에다 대학 진학은 절반 정도였던 듯했다. 시골 출신들 기준으로는 말이다. 따라서 종필이는 영어로 된 상점 간판이나 그 외 영어로 쓰인 일상 속의 광고 문구를 읽는 것마저 힘겨워했다. 그래서 내 한계에 도달하면서 어설픈 영어로 간단히 가르쳐 준 적도 있었다. 적어도 종필이에게는 아주 잠깐 내가 영어 선생님이었던 셈이다. 그런 시원찮은 선생 덕분인지 몰라도 이제는 기본 정도는 읽고 생활하는 데에는 무리가 없었다. 영어만 나보다 조금 부족할 뿐, 다른 어떤 부분도 나를 비롯한 타인과 비교해 부족한 점은 없었다. 세대가 바뀌어 갈수록 한글이 외래 언어와 통용되는 건 당연했다. 우리나라가 발전하고 세계화되어 간다는 의미일 터다.

어릴 적에는 우리 동네도 그랬지만, 다른 동네와 지역의 산에는 거의 소나무로 덮여 있었다. 그래서 연순이 누나의 갈퀴나무 솜씨가 돋보였으나 지금은 소나무가 사라지고 활엽수가 산을 점령하는 모양새다. 소나무가 줄어드는 이유는 태양으로부터 그 빛을 풍부하게 조달받지 못해 가지를 펼칠 수가 없는 데에 있다. 현재 지구 온난화가 빠르게 진행되어 잎이 넓은 활엽수의 그늘에 가려져

가는 이파리의 소나무는 빛의 혜택이 적어질 수밖에. 그나마 겨울에 태양 빛을 독식하지만, 추위와 짧은 일조량은 활엽수를 밀어내기에는 한참 부족했다. 이런 상황을 인지한 사람들이 소나무의 영역을 넓혀 주려고 주변의 활엽수를 톱으로 제거해도 소용은 없을 터다. 지구 온난화라는 커다란 흐름과 기후 변화라는 기본 틀 앞에서는 전부 헛된 일임을 곧 깨닫게 될 테다.

세상은 변해 간다. 기후도 사람도 생활 환경도 변해 가는 것을 막을 수는 없다. 자연도 그렇지만 사람들도 발전이라는 명분의 갑옷을 두껍게 차려입는 게 정당하나, 그 선두에 선 사람이 영웅이 되기도 해서 그렇다. 자연의 흐름과 인간의 욕망 사이를 조화롭게 지키는 지혜가 필요한 대목이다.

막내는 얼마 지나지 않아 늦은 나이에 간절했던 대학교를 다니기 위해 학교와 가까운 우리 집에서 지내기로 했다. 그건 아마 둘째 형의 집을 벗어나기 위한 핑계이지 않았을까. 이유도 없이 둘째 형네를 떠난다고 했다가 성질 못생긴 형님과 다정하게 잔소리하는 형수님께도 명목이 없을 듯해 수단으로 사용한 건 아닐까 싶었다. 그리하여 막내 나이 29살, 봉담의 장안대학교 문예창작과에 입학했다. 그것은 자랑스럽게도 우리 가족 중 처음이자 마지막으로 대학에 발을 옮기는 순간이기도 했다.

그리고 또 한 사람. 내가 이사한 지 6개월 정도 지났을 무렵, 셋째 형인 윤운이 형이 딸 하나, 아들 하나를 낳고 형수님과 함께 집 근처로 이사를 왔다. 가족이 늘어나 설비 작업으로는 생활이 너무나 빡빡하다며 내게 미장일을 배우기로 했다. 사실은 내가 윤운 형에게 권장했다. 종필이와 메사를 하기 위해서는 똑똑한 뒷일꾼이 필요했던 터라. 사실 설비나 전기 기술자들은 일당이 너무 적어서 현장에서 하루 일당 지위로는 최하위였다. 미장 조공 일당보다 적으니 말이다. 이제 안산 와동에 우리 7남매 중 3명이나 같이 사는 셈이었다. 그래서 승용차를 폐차하고 중고 포터 더블캡 화물차로 바꾸었다. 사람과 공구를 싣고 다니기엔 화물차가 제격이었다. 어제는 검은 구름이 하늘을 가리더니 오늘은 함박눈이 펄펄 내렸다. 현장에서 아파트 계단 벽체를 발라서 내려오던 우리는 잠시 예쁘고 아름다운 눈을 구경하면서 담배를 태웠다.

연초 한 닢

진한 연초 한 닢 베어 물고
깊은 한숨 돌려보낸다

태어나 가족 이름 석 자 적힐 때
땀이 밴 아버지 입술에 피어나는
고독하고 역한 향기가 있었지

좌충우돌 잉크가 마를 즈음

연초 한 닢이 친구들의 어깨 위를 노닐었고
애증의 여인은 등을 보였어라

연초 한 닢에 행복을 만났고 시름을 보냈다

이제는 돌아서려는 연초 꽁무니를
그렇게 뒤따른다

뭉게뭉게 피어나는 연초 연기가
안개가 되어 흩날리고
내 마음도 취한 듯 비틀거려
추억마저 가물가물하다

나에게서 아버지 향기가 난다

이제 쉬는 날이 점점 더 많아질 것이다. 앞으로는 더 열심히 일해서 형도 막내도 나도 새로운 환경에서 새로운 마음으로 살아 내야 했다.

흩날리는 기다림

어느 겨울 길목에서

> 한기 품은 바람이
> 나를 구석구석
> 탐닉하고 떠났어
> 이윽고 나는
> 기다려지기 시작했어
> 곧 쏟아질 하얀 꽃을

도로는 올해 첫눈으로 수북하게 채워졌다. 흰 알갱이들이 바닥에 굴러다니는 쓰레기를 덮어 버렸다. 그래서 집 앞 골목에 있는 예쁜 누나네에서 술 한잔하려고 호프집 문을 열었다. 그렇게 우리 셋은 하루 동안 쌓인 피로를 소주로 덧칠해 즐거운 그림을 한 장씩 그렸다. 서로의 그림을 설명하며 낄낄대던 때, 기분이 싸한 벨소리 울려 퍼졌다. 영배 동생 영찬이었다. 전화를 받으니, 영찬이는 한참을 머뭇거리다 말했다. 영배가 어제 교통사고로 생을 달리했다고. 그러고는 목소리가 삽시에 끊겼다. 영찬이는 우리와 일하며 미장 뒷일을 했다. 힘도 좋고 센스가 있어서 필요한 걸 알아서 챙겼으며 부족한 자재나 공구 정리도 똑 부러지게 잘했다. 현재 일하는 곳에서 다음 일해야 할 장소에 미리 준비도 해 놓는, 정말 끝내 주는 일꾼이었다. 이런 친구는 분명 대한민국 어느 곳에서 뭘 하든 인정받을 역량이 있다. 그래서 영찬이는 조공으로 2년 정도 일한 뒤 더 좋은 직장으로 떠났다.

윤운 형은 영배를 잘 알지 못해서 집으로 들어갔고, 종필이와 승우 형, 나는 택시를 잡아 장례식장으로 곧장 출발했다. 도착하니 낯익은 사람들이 설마 하는 마음으로 목적지를 향했다. 그들 눈에 보이는 우리의 모습도 지금 내 눈에 담긴 모습과 아마도 똑같으리라.

영배는 내 관점에서 참 좋은 친구였다. 같은 현장에서 일을 할 때, 같은 양을 하더라도 영배는 경험이 많아 나보다 훨씬 빠르고 정교하게 작업을 해냈다. 나는 기술자가 된 지 얼마 안 되어서 작업도 서툴고 속도도 느려 일이 늦게 끝나는 게 다반사였다. 그에 반해 영배는 본인 업무를 마무리해 놓고 나를 도와주기도 했다. 내가 영배를 괜찮은 친구라고 하는 건 이런 희생과 봉사 때문인지 구분할 수는 없었다. 그러나 영배는 내게만 그렇게 굴지 않았다. 같이 일하는 사람이 유난히 컨디션이 좋지 않아 보이거나 나이가 많아 기력이 쇠한 어른들에게도 똑같이 행동하는, 찬란하게 빛이 나는 그런 친구였다. 그렇게 사회생활을 하면서 만나기 쉽지 않은 친구의 장례식에 지금 나는 와 있었다.

부모님께서는 탈진하셔서 작은 뒷방에 누워 계셨다. 영배는 잘 나온 사진 하나, 국화 몇 송이와 나란히 웃고 있었다. 상주 자리에는 영찬이와 선경 씨가 있었다. 선경 씨는 딸을 안고서 눈인사를 해 주고는 고개를 돌려 서럽게 흐느꼈다. 나는 가만히 선경 씨의 두 손을 붙잡아 주고는 말없이 돌아섰다. 그리고 같이 갔던 승우 형, 종필이와 술을 목구멍으로 묵묵히 밀어 넣었다. 조금 있으니, 아이를 안고 선경 씨가 인사하러 왔다. 우리가 무슨 말을 할 수 있을까. 음주 운전으로 가드레일에 혼자 부딪혀 사고가 났다고. 나도 가끔 가까운 거리는 음주 운전을 했었는데, 이게 참 무서운 행동임을 다시 한번 느꼈다. 우리도 슬펐지만, 가족에게는 슬픔이 찾아오기도 전에 눈앞이 얼마나 캄캄했을지. 시간이 얼마나 흘렀을까, 해가 뜨는 시간이 가까워질수록 사람들의 숫자는 줄어들었다. 승우 형, 종필이는 내일 작업 관리 및 할 일 때문에 먼저 자리를 떴고 나는 탈상이라 영배의 마지막을 배웅하기로 했다. 아침 일찍 망자를 염하는 장례 관리사가 영배의 몸을 구석구석 닦아 냈다. 엉망이 된 영배 얼굴과 멍투성이인 모습에서 얼마나 속도를 냈을지 짐작이 갔다.

어디선가 들었던 이야기로는
사람이 죽은 후에 깨끗한 모습을 하고 있으면
잘 살았던 사람이고
처참한 모습으로 죽음을 맞이했다면
생을 잘못 살았던 사람이라고들 했다

아마 그 말은 완벽하게 틀린 낭설이었지 않을까

잘 가시게

활짝 핀 잇몸 가득 하얀 이 뱉어 내고
추억 속 얼굴 감추지 못한 채

사진으로 나를 보는 너

활짝 핀 너의 화단에
예쁘고 멋진 꽃들과 함께
너의 사진 앞에다 두고
나란히 머리를 눕혔다네

슬픈 모임이 되어 버린 너의 방에서
네가 차려 준 밥상 위로
세월이 흐른 친구들이
하나둘
눈물로 간을 하여
맛난 찬으로
푸짐하게 차려졌네, 그려

언젠가는 너를 찾아가겠지만
네가 있어
길 잃을 일은 없을 거야

쓸쓸하겠지만
어쩔 수 없다네
우리는 주름 사이 골짜기 사이가

가늘어지거든
놀다가 기어다니다가
게으르게 가려 한다네

기다리지는 마시구려
길고 지루한 시간이 필요할 터이니

그렇게 아까운 내 사회 친구를 보내고 며칠간 술을 달고 살았다. 그나마 다행인 것은 막내가 옆에 있다는 점이다. 날마다 약도 사다 주고 끼니 거르지 않게 해장시켜 준 덕분에 나는 다시 일어설 수 있었다.

해장국

알코올 바다에서
자유형이 끝난 다음 날
바다향이 가시지 않아
콩나물로 가글했어
친구여!
향기로운 가글을 고르시게

우리는 정왕동 현장을 마무리하고 중앙동으로 옮겨졌다.

38

　정왕동 현장에서 1년쯤 출퇴근하는 동안 다시 눈송이 날리는 겨울이 왔다. 무슨 날인지 막내가 윤운 형도 부르지도 않고 방바닥에 신문지를 깔아 말없이 삼겹살을 굽기 시작했다. 냉장고에서 소주도 두어 병 꺼내 들고서 잔을 채웠다. 막내는 술을 거의 하지 못했다. 아마 오늘 어떤 날인가 보다 싶었다. 그런데 작은 술상 위에 소주잔 2개를 놓아 두고 잔을 채웠다. 집에서 술상을 차리는 것도, 자신의 술잔을 채운 적도 거의 없는 녀석이었다. 그러니 나는 뭔지도 모를 일에 마음의 준비를 해야 했다. 무슨 일이 있는 걸까? 막내는 두 번 잔을 비우고 말을 걸어왔다. 지금껏 모아 온 돈으로 입학하고 1년간 대학 생활을 유지해 왔다고. 그런데 이제 벌어 놓은 돈도 바닥이 나 다음 학기를 다니려면 등록금을 포함해서 돈이 필요해졌다고. 막내는 엄마 품을 떠나면서 말썽을 부리거나 해서는 안 되는 일은 한 적도 없었다. 뒤틀린 생각 같은 것도 하지 못하는 순수 그 자체인, 어쩌면 규칙이나 법 따위가 필요 없어도 되는 존재였다. 지금 시대로 막내를 살짝 비하한다면 촌년이랄까. 그러니 내게 그 말을 꺼내기까지 없는 용기를 짜냈을 터다. 등록금도 문제였지만 매달 들어가는 막내 생활비도 문제였다. 내가 미리 대책을 세우고 준비했어야 했다. 누구나 다 하는 일과 미래에 대한 어쭙잖은 핑계로 현실을 잠시 망각하고 있었다.

경보의 원칙

> 뛰고 싶은 것을
> 참는 거예요

나는 시골집을 짓는데 모은 돈을 이미 사용해 버렸고, 그 후 전세로 이사 오기 위해 융자를 받아 지금의 집에서 살고 있었다. 그렇다고 결혼해서 애가 있는 윤운 형에게 사정을 말할 수도 없는 노릇이었다. 부모님은 스스로의 부족함을 자책할 게 뻔해 입을 다물었다. 막내에게는 갑작스러운 일이라 지금 해결책을 찾기가 쉽지 않으니 조금 더 시간을 두고 찾아보자고 했으나 나는 답이 하나밖에 없음을 알고 있었다. 전셋집을 비우고 월세로 이사를 가든지 아니면 다른 방법을 찾아내야만 했다. 그 방법 외에는 달리 떠오르지 않았다.

이 문제와 계속 싸우다가 예쁜 누나네에서 못난 자신을 상상 속

몽둥이로 두들겨 패며 혼술을 했다. 그러던 와중, 누나가 잔을 채운 채로 내 옆에 앉더니 한숨을 쉬듯 말했다. 호프집을 그만두고 휴식을 갖게 되었다고. 건물주가 이 자리에 고깃집을 오픈한다고 통보했기 때문이라 했다. 예쁜 누나는 누나대로 화가 나고 현실을 부정하고 싶겠지만, 그것은 어디까지나 누나의 일이었다. 그러다 갑자기 번뜩 생각이 났다. 전셋집을 뺀 은행 이자는 내가 갚고, 등록금을 제외한 금액으로 호프집을 차려 막내가 누나와 함께 장사하면 어떨지. 큰돈은 안 되겠으나 잘되면 좋고, 아니더라도 막내의 생활비 정도만 해결된다면 충분할 듯했다. 생각은 머리가 아닌 입으로, 언어는 입안이 아닌 밖으로, 행동은 나오면 실천하는 게 좋으나 움직이지 않으면 실행되지 않는다. 뭐라도 나온다면 죽이 되든 밥이 되든 무엇인가가 반드시 될 터다. 그런 핑곗거리를 아주 꼼꼼히 만들어서 움직이기로 했다.

　며칠을 알아본 결과, 상록수역 뒤편 본오동 작은 골목에 조건이 적당한 업소가 있어서 서둘러서 계약을 진행했다. 곧바로 내가 생각했던 계획이 일사천리로 개시되었다. 이전에 가게 업주가 썼던 간판 그대로 장사를 시작하였다. 장사야 누나가 경험이 있어서 걱정은 없었지만, 막내는 경험이 없었으니까. 더군다나 여자에게는 잠자리가 너무 열악했다. 또 취객들이 무슨 짓을 하진 않을까 노심초사였다. 이 계획을 떠올리며 나는 윤운 형의 신혼집에서 눈치를 보며 잠깐 버틸까 싶었다. 그러나 내 집도 아닌데 일찍 들어가기도 두렵고 미안했다. 그래서 막내와 가게에서 자거나 늦은 시간에 들어가기도 했는데 나도 막내도 생활이 엉망이 된 느낌이고, 장사도 그렇게 잘되지 않아서 걱정이었다. 오죽하면 예쁜 누나에게 급여를 다 주지 못해 밀리기 시작했고, 당연히 막내 용돈도 거의 생산되지 않았다. 이것은 이미 내 계획에서 너무 멀리 벗어나 버렸다. 그걸 막내도 모를 리가 없었다.

그 와중에 막내는 남자 친구를 만들었다. 가게에 자주 오는 위층 스크린 골프 강사가 얼마나 노력했는지는 잘 모르지만, 막내의 마음을 훔치는 데에 성공했나 보다. 어느 날 막내가 나를 불러서 강사를 소개해 주었다. 어떤 놈인지 궁금하지도 않았다. 다만 내가 사랑하는 가족 하나를 뺏겼다는 기분이 마음을 빽빽하게 채웠다. 남자 친구의 이름은 김준원, 나이는 막내와 같고 키는 185cm를 넘었으나 오빠인 내 눈에는 헐렁하고 못생겨만 보였다. 그러나 어쩌랴, 막내가 좋다는데. 그 후에 몇 번 더 만나 봤는데 다행히 마음을 조금 풀어도 좋을 친구였다. 가게를 계속 유지했다가는 더 이상 감당이 안 될 듯하다고 느끼던 때에 막내가 내게 말했다. 학교를 계속 다녀야 할 의미도 모르겠고 현실 또한 외면할 수 없어서 남자 친구가 프로 강사로 일하는 경기도 양평으로 가겠다고. 숙식을 제공해 주는 골프장에서 근무하겠다고 했다. 달리 말릴 방법이 없었다. 막내가 그렇게 허접한 아이도 아니고, 더군다나 이제는 막내를 지켜 주는 남자 친구도 생겼으니. 이제 막내도 스스로 길을 개척해야 했다. 그 시기를 막내라는 이유로 내가 잊고 있었다. 나야 그렇다 쳐도 윤운 형은 형수님께 말도 제대로 못 한 불편함이 이만저만이 아니었을 터다.

　이로써 나의 다급했던 해결책은 돈은 돈대로 나가 망했다. 막내는 막내대로 학교를 중퇴했고 불편함을 감내할 사람은 여럿이 되었다. 가게를 원상 복구하라는 가게 주인과 가까스로 타협하여 정리하고 돌아섰다. 이 계획에 참여한 사람 중 내가 제일 용서를 빌어야 할 이는 바로 예쁜 누나였다. 마지막 월급을 돈이 없어서 지급하지 못했기 때문이다. 예쁜 누나! 너무너무 미안해. 꼭 갚을게. 그렇게 예쁜 누나는 나쁜 감정으로 내게서 사라졌다. 이제 막내는 우리 집안에서 첫 번째로 대학 나온 식구가 되지는 못했으나 그래도 캠퍼스를 밟아 본 유일한 가족이 되었다. 지금은 남자 친구와 함께 경기도 양주 어디론가 돈 벌러 떠나 버렸다. 안심되는 것은 아니지만, 막내에 대한 믿음과 판단력을 이제는 인정해 주어야 했다.

　　　잠시 흔들릴 때가 있어
　　　그럴 때는
　　　그냥 흔들려도 돼
　　　흔들리지 않았던 때가
　　　더 많았잖아

　나는 최소한의 돈으로 안산 와동에 지하실 방을 얻고서 윤운 형을 불편함에서 해방시켜 줘야만 했다. 다시 빈털터리가 되었다. 서른 중반이 되어서 나는 또 처음부터 시작해야 했다. 시골에 계신 부모님도 막내도 나의 근심에서 잠시 진정되었으니 나만 홀가분하게 마음껏 달리면 그만이었다. 그렇게 지하실 방에서의 2년이 지나가고 조용했던 가족에게 근심이 태풍처럼 불어오고 있었다. 아버지가 아프다고 했다. 올해 들어 온몸이 바짝 말라서 거의 뼈만 남은 상태가 지속되고 예전처럼 거동도 못 하신다고. 원래 통통한 편은 아니셨으나 현재 상태가 꽤 심각해 강진의료원에서 종합 검진을 받은 뒤 입원하셨다고 엄마로부터 연락이 왔다. 나는 빈 지갑을 다시 채우기 위해 아득바득 살던 중이라 바로 시골집으로 내려가지 못했다. 그렇게 아버지의 건강 검진 결과를 기다리던 중, 배불뚝이 매형이 엄마와 함께 아버지를 지키고 있다는 소식도 들었다. 얼마나 지났을까, 매형에게서 연락이 왔다. 장기 안쪽이 이상하니 큰 병원에서 정밀 검사를 받아야 한다고. 그 때문에 광주 전남대 병원으로 이동 중이라고 전했다. 큰형님은 병원으로 향했고 나는 검사 결과가 나오는 시점에 맞추어 움직이기로 했다.

39

나는 일을 하면서도 아버지에 대한 걱정을 멈추지 못했다. 하루가 어떻게 마무리되었는지, 시작은 또 어떻게 되었는지 가물가물할 만큼 신체가 생각과 따로 놀았다.

하늘에서 비가

조급하게 하늘에서 비가
창문을 노크하고 있어

어릴 적 등교가 싫었던 날
간절함을 채워 주었던
소리와 닮아 있어

나뭇잎을 토닥이는

빗물에게

숨어 우는 내 마음도

부탁해 볼까요

창 아래 맺혀 있는 물방울은

행복을 기약하던 보석처럼

눈물방울 이고 있는

반지를 닮아 처량하구려

 막내를 경기도 양주로 보내고 아버지의 건강이 악화되는 모습이 훤했다. 매년 명절마다 부모님은 습관적으로 말씀하셨다.
"우리 영운이 장가 가는 것은 보고 죽어야 할 것인디."
 그 말을 관례처럼 내 귓가에 밀어 넣는 걸 보면 내가 안쓰럽고 부족한 자식이었나 보다. 막내보다 내 걱정을 한 보따리 품으신 듯했다. 그도 그럴 것이 내 직업 노가다 미장공, 가진 건 뭣도 없었다. 그걸 부모님은 잘 알고 계셨다. 더불어 내 부족함에 보태거나 위로해 줄 수 없다는 사실이 답답하셨을 터다. 부모님의 습관적인 그 말이 나도 모르게 켜켜이 각인되고 있었던 모양이다. 작년 2월, 큰형수님이 내게 어떤 아가씨를 소개해 주셨다. 나와 동갑인 37살, 아마 나이가 상당 부분 적용되었을 것이고, 이 만남 이후로 다른 이성을 만날 거라 기약할 수 없었을 터다. 그렇게 우리 둘은 3개월이라는 짧은 연애 기간을 거쳐 작년 5월에 가정을 꾸렸다. 내가 엄마 아버지의 아픈 새끼손가락에서 해방이 되는 5월이었고 새로운 삶을 맞이하게 되는 달이었다.

　나는 1년 전부터 약간 변칙적으로 바뀐 일을 시작하고 있었다. 일하는 방식은 미장과 동일하지만, 자재가 다르고 건축 효과가 완전히 상이했다. 요즘 아파트가 우후죽순 유행처럼 지어지는 추세다. 여기서 '결로 방지용 단열 몰탈'이라는 분야가 중요한 건축 공정 중 하나가 되었다. 외부 온도와 내부 기온이 달라 습기가 생기는 문제 때문이다. 물론 단열은 스티로폼 외 여러 방식으로 외부 온도와 차단시킬 수 있었다. 단열이란 시동 걸기 전의 자동차 유리에 생기는 성에와 같은 물방울이라고 생각하면 이해하기가 쉽다. 새로이 변화되는 공정 공사는 돈이 된다. 새로운 공사는 시공상의 기준이 없어 진행과 동시에 시공 금액을 기준으로 삼아야 한다. 그래서 초기 금액을 높게 책정할 수밖에 없다. 그렇게 나는 미장과 비슷하지만 새로운 일을 했다. 운 좋게 신혼이 맞물린 시기에 좋은 단가로 초기 공사에 올라탔다. 신혼집은 와동 외진 곳의 방 두 칸짜리에서 출발했다. 월세로 시작했다가 새로운 공정의 효과와 부양할 가족이 생긴 나의 땀나는 노력의 결과가 열매를 맺어 금방 돈이 불었다. 그래서 올해 초 와동 중심부의 방 네 칸짜리 큰 집으로 이사할 수 있었다. 이 행복을 유지하기 위해서는 새벽에 일어나 해가 질 때까지 땀을 흘려야만 했다.

노동자의 하루

흩어진 머리칼 위에다가
짓눌린 어깨 위에다가
별빛처럼 어제를
덕지덕지 붙이고
반복되는 오늘을 찾아서
굼뜬 손마디를 돌려
시동을 걸지

흩어진 정신
빗자루로 고이 모아 쓸어 담고
당연하듯 핸들에
목적지를 구걸하여
처벅처벅
빵꾸 난 고무신 끌듯
오늘에 붙들려
매연을 밟고 탄내 품은 채
허둥허둥 가야 한다

추운 날에는 작업을 할 수가 없어서 한두 달 휴식을 취하는 날이 생겼다. 그렇게 설날이 가까워지는 가운데 집사람이 임신했다는 소식을 전해 왔다. 이번 설날은 부모님에게도 축제 같은 명절이 될 것이다. 설 당일, 아버지는 임신 소식을 듣고 퀭한 두 눈을 부릅떠 가면서 뭔가를 열심히 계산하시더니 이내 아들이 나올 것이라며 기뻐하셨다. 약해진 신체로 기쁜 주름을 다신 채 노래까지 흥얼거리셨다. 물론 술잔과 함께. 나의 작전 중 하나였던 아내가 될 여인에게 새집과 함께 수세식 화장실의 추억을 남겨 주지 않겠다는 작전이 성공한 날이기도 했다. 우리 7남매의 손자 손녀는 많았다. 그러나 처갓집 4남매는 모두 딸만 낳아서 손자는 1명도 없다고. 아마 아내 뱃속의 인물이 아들이라면 처갓집에 더 큰 경사가 불 터다.

어느 순간부터 우리 가족은 직감으로 느꼈는지도 모르겠다. 다른 집에는 당연하듯 걸려 있던 가족사진이 우리 집에는 없다는 것. 그건 내 마음을 오래도록 슬프게 했다. 아마 처절하게 세상과 싸우느라 가족사진이 없다는 사실조차 인지하지 못했는지도 모른다. 그래서 나는 단단히 마음먹고 일을 저지르기로 했다. 그러고 보면 나는 우리 집안과 관련해서 어떤 일을 저지르는 데 선수가 되어 버렸다. 영암에 있는 사진사에게 부탁하여 명절임에도 불구하고 대가족 사진을 찍었다. 지금 아니면 기약할 수 없을 것만 같았고, 내가 결혼하고 처음 맞는 설날이라 전부 모인 상태였다. 이 좋은 기회를 놓칠 수 없었다. 이것이 아버지와 찍은 마지막 사진이 될 줄은 꿈에도 상상할 수가 없었다. 살아오면서 첫 번째로 스스로 가장 자랑스러웠던 때는 집을 지었던 날이었고 그다음은 가족사진을 찍은 날이었다. 그 사진은 내가 지은 새집 거실 한가운데에 멋지게 걸렸다.

  아버지는 원래도 마른 편이셨지만 건강 악화 이후로는 평소보다 조금 더 말라 버리셨다. 두 눈 사이 미간이 움푹 들어가 우리를 볼 때 다소 불편하게 보시는 건 아닌가 생각하기도 했다. 그럼에도 아버지의 눈동자에는 기쁨과 희망, 안도, 사랑이 넘실거렸다. 부모님은 내가 장가에 애까지 가졌으니 작은 소원 하나는 푸셨을 터다. 그것은 내 마음속 응어리져 있던 역할이 행동으로 나온 것이자 집사람에게는 가족들의 철창 같던 언어 감옥에서 해방되는 순간이 아니었을지.

    국어로 태어나
    수학으로 살다가
    그림자를
    두고 가더라

  그랬던 아버지가 긴장의 끈을 놓으셨는지 큰 병원으로 이동하셨다. 살아오시면서 크고 작은 일을 70년 넘게 겪으셨으나 모두 이겨 내 지금에 이르셨다. 그러니 이 일도 그렇게 이겨 낼 수 있는 하나가 될 터다.

40

 가족들의 간절함과 다르게 아버지는 췌장암 판정을 받고 말았다. 그것도 췌장암 4기로 앞으로 살아갈 날이 3개월가량이라고. 이제 좋은 일만 더해질 차례인 줄 알았는데. 아버지가 다른 세상으로 가셔야 한다는 게 믿기지 않았다.
 나는 지금도 아버지와의 추억이 따끈했던 아침밥처럼 또렷했다. 가을 추수에는 키로 나락을 훑으며 짚 더미를 덩어리로 만들어 논둑 옆에 쌓아 두었다. 그건 집에 가져가 필요할 때마다 사용할 수 있었다. 새끼도 꼬고 가마니도 짜고, 겨울에는 작두로 썰어 소죽으로도, 소 난방용으로 아래 깔 수도 있었다. 겨울, 안방에 짚 더미를 풀어 손바닥에 침을 뱉어 가며 새끼를 꼬았다. 그러다가 출출해지면 고구마를 가져와 생으로 씹어 먹었는데, 그때 아버지는 잘 먹는다며 너털웃음 지으며 놀리기도 하셨다. 아버지는 내가 던져 주는 짚 더미를 받아 차곡차곡 균형 있게 쌓으셨다. 우리 영운이 힘도 좋다며 엉덩이를 톡톡 두드려 주셨던 일 외에도 행복했던 지난날이 지워지지 않았다.

광주의 어떤 한의사가 아버지와 똑같은 병에 걸린 사람을 살렸다고 해서 가 보고, 복어 독으로 효과를 본 사람도 있으니 그걸 처방하자는 사람도 있었다. 그러나 복어 독이 얼마나 독한지 알기에 그런 극악의 확률에 목숨을 걸 수는 없었다. 우리는 아버지의 시간이 가는 동안 그 무엇도 함부로 결정하지 못했다. 어떤 이는 이렇게 말했다. 살아 있는 이들 전부가 일생에서 겪어야만 하는 자연스러운 순서라고. 그러니 광견병을 앓고 있는 멍멍이가 집을 나가 돌아오지 않는 것처럼 담담하게 받아들이라는 같잖은 조언이었다. 그러나 나는 받은 것을 돌려주기도 전이었다. 누군가의 언어처럼 부모님은 기다려 주지 않는다는 게 실감이 났다. 이렇듯 직접 부딪혀 얻는 배움도 있는 모양이다.

이별

눈바람 보자기를 가득 안고
바쁜 걸음 재촉하여
허락 없이 오시더니

향긋한 봄날
골목마다 들판마다
사랑, 사랑, 사랑
사랑 탑 쌓아 두고

술래 놀음 춤추다가

       알록달록 단풍 꽃잎 고쳐 입고
       코스모스 뛰노는 날
       갈바람 뒤로 하고
       몽실 구름 가득 채운 주머니에
       두 손 고이 넣고 가십니까

       하얀 눈 속에 당신이 있어
       바람 부는 겨울을
       꿈속에 매달았지요

 애들이 전부 커 버리면 그 삶에 간섭하는 늙은 부모는 되지 말아야겠다고. 그것은 가난한 두뇌를 가진 수험생이 수학 문제를 푸는 것보다 어려울 터다. 지금까지는 세상에 맞추어 살아왔다지만, 이제는 내게 맞추어 세상을 살아 내야 할 때인 듯싶다. 어차피 애들이 목적지를 정하고 운전할 테니까. 조금 더 산 부모는 조수석에서 잔소리만 투척할 뿐이라는 걸 스스로 모를 뿐이지 않을까.
 나머지는 우리 마음대로 양념해서 좋아하는 재료를 넣어 반죽하면 된다. 식용유도 기호에 맞춰 적게 또는 많이 뿌려 전을 부치는 거다. 결국 오롯한 결과물은 우리의 몫이니 타인의 시선은 신경 쓰지 말기를. 취향껏 좋아한다는 가벼운 말은 할 수 있지만, 사랑이라는 다소 무거운 말은 하기가 어렵다. 사랑은 개인적이기보다는 다수와 얽혀지기에. 그러니 발설하기 전 신중할 수밖에 없다. 그렇게 주름이 밭을 일구는 늙다리가 될 때까지. 짝이 있으면 지켜 주겠으나 혼자라면 요양원에 등 떠밀려 가게 될 테다.

  아버지가 언젠가 이와 같은 말을 취한 날 회상하듯 하늘을 올려다보며 내게 말했었다. 내가 올려다본 하늘에는 무리에서 떨어졌는지 스스로 떠나는 것인지 갈매기 1마리만이 날아가고 있었다.

> 이미 살아왔던 삶
> 후회는 많지만, 반성은 없어
> 맞추어 걸어갈 도로의 품질을
> 이젠 조금은 알 것도 같아서

  아버지는 내게 농담처럼 저런 말을 해 주었다. 그렇게 아버지는 정확히 3개월 후 우리 곁을 떠나셨다. 더 이상 숨소리가 들리지 않는 아버지가 안방에 누워 계셨다. 아버지의 굽은 등을 살피니 가벼운 등 언저리에 퍼런 새싹이 숨을 쉬듯 퍼져 있었다. 이 멍이 등허리까지 번지는 고통은 짐작도 할 수 없었다. 얼마나 아프셨을까. 엄마는 말씀하셨다. 우리가 없을 때만 아버지는 발버둥을 치셨다고. 아버지는 단 한 번도 우리에게 고통으로 일그러진 모습을 보이지 않으셨다. 하지만 나는 그러지 않을 것이다. 아프면 아픈 대로, 고통스러우면 고통스러운 대로 아이들에게 보여 줄 테다. 건강이 얼마나 소중한지를 느끼게끔 말이다. 돌아가시기 하루 전, 아버지는 아무렇지 않은 듯 버릇처럼 허리에 삽 한 자루를 들고 논으로 향하셨다. 삽은 두고 가시지….

    다색 가을 건너
    하얀 겨울 지나
    파란 애비 동네에
    구름 같은 연기 피워 내려
    좁아진 아궁이에
    죄 없는 부지깽일 꾸짖었다

    파란 동산 너머가
    욕심나더라도
    까만 냄새
    무거운 연기일지라도
    언덕 초입까지
    절뚝이며 절뚝이며 바랐다

    아궁이가 닫히고
    연기가 굴뚝을 떠난 날
    파란 애비는
    눈에서 가슴으로 발길을 옮기셨다

꽃신 남겨 두고 짚신 손에 쥐고서

나 애비 되던 날
파란 애비는
굴뚝 지팡이를 손에 쥐고
하얀 연기에 올라
구름에게 마른 엉덩이를 뽐내셨다

눈에서 자리를 떠난 님
파란 눈물 남기고
가슴에 머문 님
지팡이가 되셨네

그래도 아버지 곁에는 끝까지 지켜 주셨던 엄마가 있다. 나는 지금부터가 두려웠다. 엄마 곁은 누가 끝까지 지켜 줄 수 있을까. 나도 자신이 없을뿐더러 다른 가족도 믿을 수가 없는 건 나만의 기우일까. 사랑받아 온 엄마를 지켜야 하나, 사랑을 주고 있는 새끼들을 지켜야 하나 싶었다. 둘 다 지킬 수만 있다면 더없이 좋을 텐데. 그런데 지금은 왜 이렇게 자신이 없는 걸까? 아버지의 흔적을 마당 앞 모닥불 위에 올려 놓았다. 그 흔적이 사라지기도 전에 나는 아버지를 집에서 떨어진 산속에 홀로 버렸다. 한 치 앞이 어둠처럼 막막할 엄마를 집에 남겨 두고서. 한때 엄마의 밥상 앞에서 희희낙락하던 식구들이 이제는 가족이라는 이름만 남겨 둔 채 각자 살아가고 있었다. 거기에는 나도 포함되었다. 외로이 집을 지켜야 하는 엄마가 걸려 발걸음이 떨어지지 않았으나 억지로라도 가야만 했다.

소나무 지붕 아래
진달래 같은 어머니 손길 아래
바위처럼 묵직한
아버지 뿌리 틈 아래
고사리 같은 아이들이 살랑대는
어른들의 미소 속에
흔들흔들 춤추는 동네이지

꽃이라고
나무라고
산이라고
들이라고
자랑하지 않는 동네
천국을 찾아 나서는 사람이 없는
바보들이 가득한 이 동네

현실을 찾아 돛 없는 배에 몸을 싣고
이 동네를 건너야 한다

41

우리 형제자매는 바보들의 소대원이다. 1세대 부모 형제들에게는 시간, 금전, 애정, 희생 등 전부 과거 유년기의 회상으로만 남아서 눈물 한 방울이면 임무 완수라고 소대원들에게 보고했다. 2세대 가족들에게는 평화를 선사했다. 그것은 홍시가 되어 새들의 쪼임을 감내했던 1세대가 있었기에 가능했다. 이를 잊고 살게 된 건 이기적인 2세대들의 선택이 승리했기 때문이겠다. 3세대들은 배운 대로 그다음 세대들에게 올인할 터다. 이전 세대들은 까치밥처럼 감나무 끝에 대롱대롱 매달려서 지나가는 새들에게 농익은 살점을 내어 줄 것이다.

참 슬픈 일이다. 더욱 슬픈 건 슬프다고 말할 수 없는 지금이었다. 그럼에도 2, 3세대는 우리 눈에 예쁘게 자라나는 듯 보였다. 그런 모습을 보면 감나무 끝에서 살점이 뜯겨 나가는 통증을 견딜 수 있었다. 행복이라는 언어가 안개처럼 감나무를 가려 새들의 시야를 멀게 할 때가 더욱 많았으니.

따스함과 차가움이
전쟁을 치를 때면
지상에는
아름다운 평화와 동시에 풍요가 찾아오지
사람들은
오래도록 냉기와 온기의 전장을 응원해
지속될 평화가 아름다울 까닭이지

전쟁은
무기의 성능에 승리를 가늠하지 않아
시간이 결정하는 당연함일 거야

내일은 패배한 온기가
멀리멀리 퇴각할 거야
시간이 말해 주었거든

우리는 얇은 갑옷 한 겹
덧씌워야 해
냉기가 환호할 감기를
폭죽처럼 터뜨릴 모양이야

행복을 찾아서

 손과 발을 몇 년 묵은 장아찌처럼 하고서는 둘째 놈이 나를 불러댔다. 현관문 앞에 있는 모습이 딱 봐도 구정물에 담갔다가 뺀 모양새였다. 그럼 나는 "왜 그래, 촌놈!"이라며 답한다. 나는 두 아들놈을 촌놈이라고 불렀다. 항상 그렇게 부르는 것은 아니지만 그렇게 부르는 게 고소하게 느껴져서 그런 듯싶었다. 아마도 도시의 말끔한 애정보다는 시골의 거추장스러움이 나를 자극하고 또 익숙해서 그런 게 아닐까. 시골에서 20년을 보냈던 것보다 도시에서 더 생활했음에도 불구하고 중독이라도 된 양 시골의 향기는 여전히 내 안에서 건재했다.

 우리 둘째 놈은 편의점을 사랑하다 못해 숭배하고 위대한 신들보다 몇 배는 존경했다. 엄마 아빠의 잔소리를 두려워할 필요도 없지만 땡그랑거리는 동전 몇 개면 마이쮸를 움켜쥘 수 있기 때문이다. 그래서 그놈의 이름은 '뭐 사 줘.'였다. 그런데 초등학교를 다니기 시작하더니 바뀌었다. '500원만.'으로. 그놈은 마약 같은 금전의 바다에 이제 첫걸음을 담갔다. 우리 가족은 이름 대신 한참을 "야, 500원만!" 하고 부르고는 했다. 그러면 어디선가 "500원만 왔습니다." 하고 나타났다. 그런데 녀석의 성장 속도가 키만큼 빨라져서 '1,000원만.'이 되더니 이내 '2,000원만.'이 되고 '3,000원만.'이 된 것이다. 이제 '10,000원만', '20,000원만'이 되는 날이 머지않았음을 짐작하게 했다. 아무튼 고놈 입에서 나왔던 말은 "아빠 2,000원만."이었다. 요놈 봐라! 이 입버릇이 그렇게 오래되진 않았다. 유치원 때만 해도 성은 '뭐'였고 이름은 '사 줘.'였다. 그래서 그놈을 부를 때에는 "야! 뭐 사 줘?" 이렇게 비틀어서 부르기도 했다.

아빠로서 나는 촌놈들에게 잘해 준 것도 없고 가끔 술 한 잔 거하게 걸쳐야만 조금 놀아 주었다. 그런 후 임무를 다한 것처럼 뻐겼다. 평소 아이들이 놀자고 조르면 나는 핑계를 카드처럼 꺼내 바닥에서 리모컨만 깔짝거렸다. 이런 아빠를 두고도 큰놈은 스스로 공부방에 가고 집에 와서는 대여섯 권의 책을 들여다봤다. 그래서 그놈의 몸매가 장난이 아니었다. 둘째 놈은 매일 장아찌가 되어 와서는 "2,000원만."을 외치기 바빴다. 그래도 잠자는 모습은 예쁘니까….

신랑이 일한다고 새벽에 일어나 그릇 부딪히는 소음을 만드는 아내는 넘치는 에너지로 두 촌놈을 단번에 지배해 버렸다. 아마도 아내의 그 기술은 절대로 따라 하지 못할 터다. 물론 그 모습에 나는 웃기도 하고. 이렇듯 흔한 일상이지만, 허공을 휘저을 때면 행복이란 만져지지 않는 것으로 인식되었다. 그러나 늘 곁에서 울타리가 되어 모두를 지키고 있는지도 모를 일이다. 행복이란 어떤 것일까? 다채로운 심정을 대변하는 언어들이 공간에 둥둥 떠다니는 것을 내 품 안에 욱여넣어야 하는 선택이 아닐까 싶다.

행복은 나도 모르게 내 옆에 항상 있었다.

다가가려 하지 않아도.

만들려고 하지 않아도

잡으려고 하지 않아도,
행복은 항상 내 곁에 있었다.
내가 모르고 있을 뿐이었다.

> 아이들아!
> 별은 항상 네 곁에 있단다
> 날이 밝아서, 가로등이 있어서
> 집이 많아서, 주변의 무엇 때문에
> 숨어 있어서 잘 보이지는 않지만
> 가까이 있지만 무심한 듯
> 눈 속에 스치고 당연하게 보이는 게
> 지혜롭지는 않은지

 어제 회사 동생에게 당구 게임에서 보기 좋게 깨졌다. 이기고 싶었던 게임이었는데. 모닥불이 머리카락 위에서 대풍과 편을 먹고 활활 타올라서 머리가 뜨겁게 달궈졌다. 그러다가 집에 가는 길, 전화기가 길바닥에 떨구어졌다. 기기 가에 금이 난 듯했다. 그에 부들부들 떨리는 두 손을 가랑이 사이에 끼운 채로 압박했다. 이럴 때를 열 받았다고 표현하는 거겠다. 그렇게 술이 덜 깬 상태로 출근했다.
 평상시에 힘든 일은 회피하고 어려우면 미루어 본인 잘못을 남 탓하는 고질적인 놈이 있었다. 그놈과 엮이기 싫어서 외면하고 있었는데, 내 옆에 있던 동생이 벌겋게 달궈진 말을 토했다.

"이 얍삽한 놈아. 그따구로 하지 말아."

그 문장을 듣자마자 아까운 술이 깼다. 나는 일하다가도 그 말을 되씹으며 바보처럼 웃어 버렸다. 기분이 술독 안에 매몰된 듯했으나 왜 이리도 기쁜지.

참 용감했다. 내게는 없던 용기가 그 녀석에게는 있었다. 그러나 나는 배우지 않을 터다. 일생에 한 번 쓸까 말까 하는 것을 에너지 낭비까지 해 가며 재로 만들 필요는 없으니까. 담배로부터 떨어지는 재라면 내게는 넘치는 수고로움이었다.

간땡이 부푼 하루

별빛이 이슬에 잠기도록
회사놈들과 일을 모셔 와서
잘근잘근 씹어 먹고
술병 또한 줄줄이 세웠지

겁도 없이 오늘은
스피커를 귓구멍에 망치로
쿵쾅쿵쾅 박아 귀지를 털고
달콤한 음악 들으며
씹었던 일을

되새김질하듯
휴일을 가불해 버렸어

여우 한 마리 토끼 둘
발그레 취했던 어젯밤을
기억에 모셔 두었겠지
어떤 날
여우 한 마리
적립됐던 그날을 물고서
눈을 부릅뜬 채로
내게 달려올 거야

오랜 후에
가지런히 보관된 추억으로
찾아올 거야

수원 터미널 옆쪽으로 수천 세대 아파트가 들어설 예정이라 얼마 전부터 단열 몰탈 공사를 진행 중이었다. 애들도 아들로 두 놈이나 있어 발바닥에 땀이 나도록 일에 매진해야만 했다. 어느새 내 나이 마흔 중반을 달리고 있었다. 지금은 힘과 기술이 최고조에 달해 있었으나 선배 미장공들을 보면 나이 먹고 힘이 떨어지면 자연스레 기술도 소멸함을 알 수 있었다. 선배들은 습관처럼 '옛날에는', '젊을 때는'이라는 언어를 달고 살았다. 젊은 기공들이 제일 싫어하는 말인 것을 모르고서. 그 때문에 천대받는 줄도 모르고 쉴 새 없이 입을 털었다. 그런 선배들의 모습에 나는 속으로 힘이 떨어지기 전에 나이를 먼저 먹으면 되도록 필요한 말만 해야겠다고 다짐했다.

어느 날 15층에서 14층까지 모르타르 통과 공구를 옮길 일이 있었다. 호이스트를 타고 이동하면 되었는데, 내장 목공들이 자재를 인양하는 바람에 급하게 계단으로 내려가다가 그만 넘어지고 말았다. 상처가 나고 피가 흘렀다. 이런 건 닦아 내고 통증을 며칠만 참으면 그만이었으나 문제는 다리가 말을 듣지 않는 것이었다. 주변에 사람이 없어 계단에 설치된 안전 펜스를 붙잡고 일어났다. 그럼에도 오른쪽 무릎에 심각한 통증이 동반되어 움직이기가 어려웠다. 결국 다른 층에서 마무리 작업을 하던 윤운 형에게 전화로 사실을 알렸다. 그길로 병원을 찾았다. 의사 말로는 무릎 십자 인대가 끊어졌다고. 수술하고 15일 정도 입원한 뒤 통원 치료를 해야한다고 했다. 더불어 일상생활은 괜찮은데 적게 잡아서 6개월 정도는 무리하면 안 된다고도 덧붙였다. 그렇다면 1년 정도는 미장일을 할 수가 없게 된다는 말이다. 청천벽력 같은 상황이 되었다. 애들이 이제 막 크는 중인데 매달 드는 돈을 감당하지 못할뿐더러 윤운이 형 홀로는 단열 몰탈을 감내할 수 없었다.

상황이 이렇게 되어, 할 수 없이 형은 다시 설비 현장으로 옮길 수밖에 없었다. 입원 기간이 끝나 갈 무렵 둘째 동서인 차 서방이

병문안을 왔다. 차 서방은 내게 경기도 화성에 있는 기아자동차 화성공장에서 비정규직으로 다리가 회복될 때까지만이라도 다녀 볼 생각이 없느냐고 물어 왔다. 차 서방은 그곳에서 협력 업체 부장 직함으로 근무 중이었다. 지금 내 상황에서 찬밥 더운밥 가릴 때가 어디 있겠나!

42

눈치를 보라는 것이 아니라 생각을 보라는 것이야

　병원에서 퇴원하고 절뚝이며 기아자동차 통근 버스를 타고 약속 장소로 갔다. 그곳에는 차 서방의 지인들이 6명이나 줄지어 앉아 있었다. 나보다 두어 살 많은 이가 셋, 동갑이 나를 포함해서 셋, 1살 어린 이가 한 사람이었다. 다들 긴장한 채로 사장님을 기다리고 있었다. 오늘 면접을 보는 사람 중 단연 내가 눈에 띌 수밖에 없었다. 모두 가장 깨끗하고 좋은 옷을 차려입고서 거울처럼 반짝이는 구두를 신은 상태였다. 나도 별반 다르지 않았으나 옷차림에 어울리지 않는 모자가 시선을 빼앗았다.
　벌써 7년이나 되었다. 빽빽하던 머리카락이 하나둘 외출하더니만 어느 순간 완전히 발길이 끊겨 민둥산이 되어 버렸다. 피부과에서 3년 동안 지루한 치료가 지속되니 가출했던 머리카락이 띄엄띄엄 백발로 되돌아왔다. 돌아온 머리카락은 몇 개월이 지나고서야 검게 자라 흰머리와 합해졌다. 그래서 현재 내 머리 상태는 두 가지 색상의 머리털이 원형으로 이루어져 흡사 달마시안 견종과도 같았다. 스님처럼 머리를 밀어도 색이 옅어지기만 하지 여전히 달마시안 같아서 모자의 힘을 빌릴 수밖에 없었다. 그렇게 모자와의 동행이 시작되었다. 피부과 진료는 고통의 연속이었다. 진료받을 때마다 백 번이 넘는 주삿바늘이 두피를 파고들어 통증이란 무엇인지를 일주일에 두 번씩은 꼭 체험하게 했다. 누군가에게 말은 못했지만, 정말 죽을 맛이었다. 그래서 나는 피부과 진료를 포기하기로 했다. 그렇게 진료를 포기한 지 4년이 흘러 내 머리는 다시 민둥산이 되어 버렸으나 어찌 된 일인지 얼마 전부터 머리 군데군데에 이른 봄 새싹처럼 솜털이 돋아났다. 차라리 예전처럼 완전 벗겨졌더라면 깔끔하기라도 할 텐데. 그렇게 나는 사계절 내내 모자라는 이름의 뚜껑을 쓰고 다녔다. 뚜껑을 벗으면 더 초라할까 봐 오늘 면접에도 동행했다. 그러니 면접장에서의 내 모습은 단연 눈에 띄었을 터다.

  사장님은 내가 생각했던 모습과 전혀 달랐다. 작은 키에 내 또래 정도 되어 보이는 젊은 사람이었다. 이 사람은 나처럼 철없이 학창 시절을 소모하지는 않았으리라. 젊은 사장님이라서 그런지 몰라도 면접은 간단하고 짧았다. 내일부터 곧바로 출근하라고 했다. 나중에 알게 된 사실이었는데, 차 서방이 이미 나에 대해 자세히 말해 놓은 상태였다고. 그리고 면접 왔던 사람들은 힘들다는 이유로 며칠 나오고는 말 것이라고 했다. 덕분에 행운이 겹쳐 사고로 백수가 될 뻔한 내가 이곳에서 구원받을 수 있었나 보다.

　막상 일해 보니 힘들다고 말하는 동료들과 며칠 만에 도망가는 사람들을 도저히 이해할 수가 없었다. 물론 노가다보다 급여는 작지만, 내게 배어 있는 노동 강도를 고려해 볼 때 이곳의 강도는 허접할 뿐이었다. 급여 또한 집으로 사라진 이들 덕분에 꽤 괜찮은 편으로 올랐다고 차 서방이 말해 주었다. 다른 공장에 다니는 사람들보다 연봉 차이가 꽤 났고, 근무 환경 또한 통근 버스가 있어 편했다. 밥도 노가다 식당에 비하면 미슐랭급이었다. 노동 강도는 두말할 것도 없고. 어떤 직원들은 일이 힘들어서 투덜투덜, 식당 밥이 맛없어서 투덜투덜. 투덜이들은 평생 힘들게 일할 것이고 평생 맛없는 식사를 목구멍에 쑤셔 넣을 것이다. 사실 자동차 회사 식당의 식사 질은 꽤 높은 편이었다. 굳이 내가 아니더라도 회사에 입사한 지 얼마 되지 않은 사람들은 대부분 공감했다. 그러나 조금 오래 근무하던 사람들은 회사 밖의 평균치를 망각하고 있는 모양이었다. 모든 것에 불만투성이인 사람들이 더 많았다. 그들은 그런 모습을 주변에 보여 주어야 자신의 가치가 높아진다고 오해하는 듯했다. 적어도 내가 보기에는 그랬다. 우리는 알아야 한다. 앉아서 일했던 사람들은 서서 일하면 힘들어하고 걸으며 일하면 죽을병 걸린 듯 굴고 뛰면서 일하면 집으로 돌아간다는 것을. 그러나 이전에 뛰면서 일했던 사람에게 서서 일하는 건 거의 노는 것과 같다. 여하튼 이곳은 참 좋았다. 작업 신발, 작업복, 수건 등 모두 회사에서 지급해 줬다. 점심시간, 쉬는 시간에는 깨끗한 코트에서 배

드민턴도 치고 잔디가 깔린 구장에서 축구, 족구도 했다. 그리고 공식적으로 회식하고 모임도 가지며 여가를 즐겼다. 이런 회사 생활이 당연하고 마땅해 보이지만, 나는 여태껏 한 번도 이렇게 살아 보지 못했다. 그렇기에 꿈만 같았다.

  나에게 이곳은 천국이었다. 노가다라는 직업을 갖고 있던 나에게 회사 내에서 일어나는 일이 이룰 수 없는 꿈이라고 포기하며 살았던 때가 있었다. 나도 이런 사치를 누려 볼 수 있다니. 나는 노가다하는 내내 이런 생각을 했었다. 나이를 먹어 더는 힘쓸 수 없는 상황이 오기 전에 적어도 가족을 먹여 살릴 수 있는 급여라면 다른 직군으로 바꾸는 게 맞다고. 나이 먹어 천대받는 선배 미장공들이 너무 불쌍했기에 내 미래도 그와 다르지 않을 거라 짐작하고 있었다. 이번 기회를 통해 생각만 했던 것을 밖으로 끄집어낼 터다. 내게 인생의 변환점이 있을 거라 장담하지는 못하지만, 만일 있다면 지금이었으면 좋겠다.

욕심쟁이

해님이 그림자 붓으로 그림을 그렸다
온 세상을 물들인 그림자 그림을 해가 저물도록 멈추지 못하고
수묵화처럼 옅은 물감 엿가락처럼 늘어만 나더니
슬그머니 어둠께서 어흥거려 달님에게 마지못해 팽개치듯 건넸다
달님은 쉬지 않고 펌프질하듯 인심을 토했다

자동차에도 빌딩 숲에도, 가로등에도 빛나는 아이들에게도
한 자루씩 붓을 나누어 준 후 도화지에 즐거이 본인의 세상을 그려 넣는 걸 보고 흐뭇해했다
그림자 그림이에요
달님은 예술가지요
해님을 기다리다가 구름 손으로 눈을 가려 졸림을 참기도 하고
어떤 날은 피곤했는지 검은 구름을 이불처럼 둘러쓰고 종일 나오지 않기도 했다
달님을 덮어 주던 구름이 달님을 사모해서
개미처럼 분주히 오가는 인간들에게서 잠시 떼어 놓고 싶었나 보다
그려 놓은 그림은 똑같은 게 없었다
아기별은 붓이 너무 커서 잘 그리지 못했다
날이 밝아 아침이 찾아오고 있었다
해님의 앙칼진 눈초리에 슬그머니 자신을 숨겨
뒤따르거나 문고리를 찾았다
해님은 나눌 줄을 몰랐다
누구에게든 예외가 없었다
그래서 아이들은 해님이 눈을 뜰 때쯤 더 이상 손전등을 찾지 않았다
해님은 욕심쟁이다
한낮의 젊은 날에는 작고 꼼꼼히도 그려 놓더니만
해 저문 늙은 날에는 눈이 침침한지 크고 길게도 그려 놓는다
날이 추워도 그랬다

손등을 호호 불어서 녹이는 게 버거웠던 모양이다
자신의 남은 온기를 꺼내서 쓰면 될 것도 같은데
해님은 욕심쟁이가 맞나 보다

43

회사에서 일하면서부터는 신기하게도 머리카락이 점차 자라나기 시작했다. 쉰에 가까워진 지금은 완전하지는 않으나 전과 비슷하게 풍성해져 더는 모자가 필요 없어졌다. 그렇지만 몇 군데는 아직도 허전했다. 주변에서는 어떤 병원에 다녔는지, 어떤 치료를 받았는지 궁금해했다. 그만큼 내 머리카락의 눈부신 성장 과정을 알고 싶어 했지만, 실상 나는 말할 게 없었다. 그래서 나는 포기라는 결론을 내렸다. 주변 사람들의 관심에서 포기를 말이다. 그들은 나를 쳐다보지 않았다. 궁금해하지도 않았다. 앞에 시선을 고정시켜 장애물을 살피고 바쁜 걸음을 재촉할 터다. 내 머리카락은 그저 횡단보도를 건너기 전 신호등을 바라보는 행위에 불과했다. 그래서 나는 되레 그들의 시선을 던졌다. 신체의 일부인 머리가 화려했으면 하는 마음도 버리고 살았다. 아무리 노력해도 고쳐지지 않는다면 그에 힘과 역량만 소진될 듯했다. 그렇다면 차라리 다른 곳에 마음을 쏟는 편이 났다. 그럴 수밖에 없는 상황에 굴복하고, 굴복

할 수 없는 곳에 역량을 보탰다. 딱 그뿐이라고 말하고 싶었다.

대머리

나의 허물을 감추려
시간을 낭비하지 말자
차분하고 띄엄띄엄
휘날리는 내 친구 머리카락
옆 친구들도 위쪽 친구들을
배려하지 말자
그 친구들
보름달보다 더 크게 보인다
차라리 스님 머리는 깔끔하기라도 하지
나의 허물을 찾으려
반짝이는 다른 눈동자들은
휴대폰 밝은 빛 속에서 허덕인다
그 시간에 웃어나 보자
너의 웃음소리는 이어폰 너머에서도
맑은 소리로 울려 퍼져
골목길에 상쾌함으로 선물이 되고 있으니

얼마 전까지 자동차 회사에서 나는 혜택을 누리며 나름 만족하는 상태로 근무했다. 비정규직으로. 그러나 자동차 회사에서 정규직을 채용해야 한다는 대법원의 최종 판결문이 나왔다. 이제 자동차 회사에서 근무 중인 모든 회사 내 협력 업체 직원들을 정식 직원으로 전환해야만 했다. 이에 회사는 1차수부터 5차수까지 단계적으로 채용하기로 했다. 나는 1차수에 선정되어 신입 사원 연수원에서 교육받고 정식 직원이 되었다. 49살의 적지 않은 나이에 대기업 사원이 된 것이다. 살다 보니 이렇게 기쁜 날이 오다니. 태어나서 이렇게 세상에 감사했던 날이 거의 없었는데. 나 스스로에게 자랑스러웠던 날이 별로 없었던 듯했다.

예순이 서너 해 가까워진 지금도 나는 회사에서 운영하는 야구 동아리에, 주말이면 사회인 야구 동아리에서 열심히 움직이고 있다. 특별한 일이 생기더라도 빠지지 않았다. 어릴 적 하고 싶어도 할 수 없었던 것들을 지금은 원 없이 해 본다는 각오로 몸뚱이를 써먹고 있었다. 비록 어깨와 무릎이 삐그덕거리고 육체에서는 제발 살살 다루어 달라고 애원해도 불구하고 영혼은 굳건했다. 이런 삶을 진작부터 살고 싶었으나 그러지 못했으니. 형편이 안 되었든지 핑계였든지 만약 누군가 나와 비슷한 젊음을 보냈더라면 한마디 해 주고 싶다. 예전의 나처럼 말고 지금의 나처럼 살아 보라고.

이제 회사에서 '나'라는 상품의 가치가 없어져 정년퇴직으로 좁혀질 시기에 다가와 있었다. 대부분은 예정된 일을 쉽게 잊고 산다. 나는 잠시 과거를 짧게 반추했다. 100원만, 500원만 하던 촌놈들이 이제 군대에 갈 때가 되었다.

아들아
웃음이 예쁜 여자를 만나라
어느 때든 자주 웃던 사람이다
미소는 일상의 힘이다
아들아
시내버스에 홀로
창 측에 앉은 여자를 만나라
홀로 내 측에 앉은 여자는
배려가 일상이 아닌 사람이다
배려는 삶의 심장이다
아들아
걷는 모양이 어색하지 않은 여자를 만나라
걷는 모양이 어색한 사람은
건강이 어색할 확률이 대단히 높다
우리 몸은 스스로 불안정에
대처하는 능력이 대단하다
건강은 정년 연장이다
아들아
네가 전화했는데 통화를 못 했다면
걸려 온 시간에 비례해 네가 그 사람에게

평가되고 있음을 알아라

모르면 맨땅에 헤딩이다

이제 나는 꼰대가 아닌 어른으로 살아가는 방법을 배워야 했다. 배움이란 끝이 없다고 말들을 하지만, 내 생각은 조금 다르다. 시간과 시기, 연령대에 따라서 스스로 터득해 본인을 현재 삶에 묻어가는 것. 그 방법을 터득하는 게 배움이 아닐까 싶기도 하다.

특별한 세상

가족사진

카메라에게 웃었다
아이들의 눈빛이 반짝거렸다

카메라에게 집중하느라
반짝였던 눈을
보지 못했다

잘 나왔다, 내가

아이들의 눈은
반짝였던 게 아니었다

웃고 있는
나를 보고 있었다

소나기

하늘에는
꽹과리 장구 소리와 함께
축제의 시작을 알리고
뚜껑 열린
샴페인이 분수처럼
지상의 갈라진 들판을 채운다

축제로 가득한 하늘에
기쁨으로 올려다보는
농부의 주름진 모습이
굳게 펼쳐지는 순간이다

가리고 싶은 고백

이른 새벽
하늘 아래 높기만 한 곳에서
홀로 깨어 올려다본 하늘에는 참 많이도 있다
당신 닮은 햇별들이
오래된 눈동자 너머로 쓰고 있는
힘겨운 나의 글자가
제대로 쓰인지는 모르지만
이 새벽 가득한 당신에게
두리번거리고만 있는
육십 줄에 걸친 한심한 늙은이다오
살아온 세월만큼 더디 말할 수밖에 없는
가난뱅이 노랑 늙은 인간이랍니다
마음에만 간직되어도
그저 가득한 부자가 되어 있다오
이런 마음이 반칙이라는 것을 아는 까닭에
오래도록 간직만 할 수밖에 없었던

아픈 심정을 말할 수도 없고
의문점이 의문인지도
판단하기 어렵다는 변명에
그저 세월에게 궁핍한
하소연하고 말았답니다

그냥 그대로 있어 주면 안 되나요

나만이 당신께 갈 거예요
그대여 움직이지 말아요
소나기처럼 순간으로
지나가면 슬퍼요

마음속에
줄을 그어 두었어요
그대 힘이 들까 하여
발가락 끝에
줄이 걸려 있어요

바람처럼 건널 수가 있어도
그 끝에 머물 거예요
내 마음
현실을 망각할까 하여

그대
그대 두 눈동자 바람 속에 흔들려도
그대로만 있어 줘요
내 마음 외따로
그대 몰래 스치듯 지나가더라도
나를 보지는 말아요

그대도 나처럼
현실이 망각될까 하여

마음에 뜨는 달

탱탱했던 젊은 날
눈동자에 걸쳐 있는 저 달이
새하양이었고
샛노랑이었고
샛빨강이었고
아름다웠던 것들이
당신을 닮아 있어

주름진 눈동자로
이제 와 보니
주근깨도 있었구려

하루 한 번 지는 달이
영원 속으로 흐려져도
어찌하여
지는 날이 한 번도 없는 걸까?

내 친구야 사랑해

익숙한 사람들과
익숙하게 웃었고
익숙한 언어를 만났고
그랬듯이 그랬어

어색하게 약속하고
어색하게 손 흔들며
어색한 길을 돌고 돌아
덜 익숙한 쉼터로 향하려니

익숙함이 못내 아쉽기만 하여
어색한 도로를 돌고 돌아
익숙했던 시간을
통장 속에 적금하듯
구겨 넣고 밀어 넣고

당연한 내일이 서두를까

어색한 이 하루가 간절하다

친구야 내 친구야

'사랑해'라는 말

안 해도 다 안다고

그 누가 말했을까

우리

게으르던 입술에

부지런히 명품 옷을 입히자

욕심쟁이

고요한
누군가의 마음속을
살포시 흔들고 싶은
바람이오

쓸쓸히 흘러가는
그대 외로움 속에
나란히 떠내려가는
낙엽이고 싶다오

그대 내 맘에
그대로 있어만 주오

나의 바다는
그대 숨결로
일렁이고 있다오

이른 손님

멈춘 어둠을 밀어내고
빛나는 아침이
살며시 걸어왔다

얼어붙은 땅을
온몸으로 비집고
봄을 찾아
기어이 얼굴을 내밀었다
아가 새싹들이

누구일까

흡수된 노랫가락 소리에
소심한 자신이 느껴졌을 때는
내가 나였는지
누군가가 나를 눈으로 만들었는지
누군가의 입으로 나를 만들었는지
구분하기 불편해질 때는
그래
그들의 시선 속 내가
그들에게 나일 거야
그래
내가 살점을 빚어내고
소리를 만들어 노래를 하자
누군가 만든 사람은
그들의 눈과 입이고
그들의 나이다

만들자
만들어야지
누군가가 아닌
내가 나를 만들자
누군가가 만들었던 나는
리듬 속에 오래도록 흥얼거려
그저 흥이었던 거야

첫눈이 되어 너에게 갈 거야

참았던 나의 눈물이
좁아진 눈 틈으로
슬며시 비집고 나와서
나날이 보냈던 한숨과 함께
하늘로 하늘로 향했나 보다

나의 마음은 얼음보다
더 꽁꽁 얼어 돌이 되었다

너에게서 불어오는
상큼한 꿈의 무게를 견딜 수 없어
하늘 고드름 붙잡고서
첫눈처럼 미끄러지듯
솜털 같은 그대 머릿결 위에
살며시 내려앉아
또 다른 눈꽃을 후후 불어 낼 터다

그대 그 무게에
힘이 들까 하여

친구에게

한낮이 어둠으로 치달리는 지금
우주 어디선가
겨울 이정표가 어둠 사이에
빛나는 하양을 쏟아 내고
심장 위에 켜켜이 덮고 있네그려
우리의 옛날이
증발하는 안타까운 일이
더 오랜 날이 될 것 같네그려
친구들아 건강 손에 닿는 곳에 두고
소주 또한 멀지 않은 곳에 모시어
스트레스 묻어 버리시고
벗들은 어정쩡한 거리에 간직하시되
필요시 용도를 가리지 마시게나

네 생각

피어오른 안개 사이로
나무를 머리에 이고 있는
황홀한 바위섬 아래에서
네 생각이 났어

초목 사이 바스락거리며
생명이 분주히 오가고
모퉁이에서 연인을 기다리는
볼 빨간 장구벌레를 보며
네 생각이 났어

바람 찬 등대에서
속닥이던 갈매기가
수줍게 날개 품으로 얼굴을 감출 때
네 생각이 났어

벗들과 잔을 기울일 때
담소를 나눌 때
술병 속에서 헤엄을 칠 때에도
네 생각만 났어

이부자리 네모에 비치는
아침 햇살 사다리 위에
네가 앉아 있어

내 눈 속에 네가 있어
내 안에 숨어서 있어

열 수 없는 금고에 넣어 두어야 해

홀아비

가 버린 사람은
흔적을 반품하고
일궈 온 화초는
현실을 배달한다

발효된 형제들은
가마니보다 크게 묶어
건강을
코팅하여 보내왔다

이별

말할 수 있었던 이유를
말할 수 없었던 까닭에

행복한 날을 꿈꾼다는 이유로
같이 할 수 없다는 까닭에
하나를 향하여
둘이서 다른 길로 가자고 했지

온실 속 여린 꽃들은
가녀린 잎사귀로 떨리는 줄기를 감쌌고

홀로 걷지만 여럿이 된 사람
휘청이는 눈으로 입술을 붙잡고
요동치는 심장으로 두 뺨을 닦아 내고
추억의 페이지를 꼭꼭 접었지

열 수 없는 입술을 위로하는

노인의 등 뒤로

파도치며 울렁이는 몸짓을

알고 있는 바람이 차다

흔들렸던 어제

별이 눈을 감아 버린 시간까지
은하수 이부자리 덮어 가며
파랑 소주하고
뜀박질 경기를 했지요

다람쥐 도토리 주우러 가듯
헐레벌떡 눈꺼풀에
사다리 받쳐 두고
잇몸에 앉아 있는 가을 고추
호미로 걷어 내고
버스를 탔네요

어제 술이 묻더군요
집에 갈 거냐고
오늘 아침 꿈이 묻더군요
일어날 수 있느냐고

우리 상사 말하네요
업무하겠냐고
내가 말했어요
걱정도 팔자라고
식당에서 묻더군요
물밥 먹겠냐고

지는 해가 묻더군요
밤이 와도 괜찮냐고
술이 다시 묻더군요
오늘도 데려가야 하느냐고
별 동무들 속삭입니다
이런 내일 또 온다고

기사님
왔다 갔다 그만 하세요
때로는 버스도 덜컹거리듯
우리네 인생
덜 깬 승객들처럼
덜 뜬 눈으로 뜀박질하나 봅니다

국회의원

서로를 가리키는 손가락 끝에
시꺼멓게 불이 붙고
밝기 명도 재는 빨간 눈동자가
자신의 의자 상실될까
부둥켜 못질하는 망치를 섬긴다
사람들은 어둠을 껴안고
아침이 오기만을 기다리고
햇살의 온기를 갈망하고 산다
하늘에 구름이 많기만 한데
우리가 만들어 놓은
저 하늘 국회 의사당 천장은
그들만의 하늘에 술잔을
건넬 뿐이다
해방된 엉덩이엔 곰팡이만 가득하다

국어로 태어나
수학으로 살다가
그림자를
두고 간다

초판 1쇄 발행 2025. 4. 8.

지은이 이영운
펴낸이 김병호
펴낸곳 주식회사 바른북스

편집진행 김재영
디자인 양헌경

등록 2019년 4월 3일 제2019-000040호
주소 서울시 성동구 연무장5길 9-16, 301호 (성수동2가, 블루스톤타워)
대표전화 070-7857-9719 | **경영지원** 02-3409-9719 | **팩스** 070-7610-9820

•바른북스는 여러분의 다양한 아이디어와 원고 투고를 설레는 마음으로 기다리고 있습니다.
이메일 barunbooks21@naver.com | **원고투고** barunbooks21@naver.com
홈페이지 www.barunbooks.com | **공식 블로그** blog.naver.com/barunbooks7
공식 포스트 post.naver.com/barunbooks7 | **페이스북** facebook.com/barunbooks7

ⓒ 이영운, 2025
ISBN 979-11-7263-304-2 03810

•파본이나 잘못된 책은 구입하신 곳에서 교환해드립니다.
•이 책은 저작권법에 따라 보호를 받는 저작물이므로 무단전재 및 복제를 금지하며,
 이 책 내용의 전부 및 일부를 이용하려면 반드시 저작권자와 도서출판 바른북스의 서면동의를 받아야 합니다.